我们一起解决问题

Gold Medal Restaurant Manager Practical Tool Book Gold Medal Restaurant Manager Practical Tool Book Gold Medal Restaurant Manager Practical Tool Book Gold Medal Restaurant Manager Practical

金牌

餐饮店长实战

工具书

[模块分解 + 操作实务 + 配套工具]

徐剑◎著

花椒学社/餐语咨询 联合出品

人民邮电出版社

北　京

图书在版编目（CIP）数据

金牌餐饮店长实战工具书：模块分解+操作实务+配
套工具 / 徐剑著. — 北京：人民邮电出版社，2021.11
ISBN 978-7-115-57433-6

Ⅰ. ①金… Ⅱ. ①徐… Ⅲ. ①饮食业－经营管理
Ⅳ. ①F719.3

中国版本图书馆CIP数据核字(2021)第196208号

内 容 提 要

　　餐饮店长是餐饮企业的一线管理者和品牌"代言人"，其能力和素质高低决定了餐饮企业能否在移动互联网时代的竞争中获胜。为了手把手帮助餐饮店长提升工作成效，本书作者立足十余年的实战经验，历时两年完成了本书的创作。

　　本书共七章内容，系统地介绍了餐饮店长日常工作中涉及的重要模块，包括自我管理、团队管理、运营管理、安全管理、厨房管理、销售管理和财务管理。本书志在成为餐饮店长的实战工具书，所以全书针对店长日常工作中的每个要点，详细介绍了其工作方法、工作流程及具体操作内容。为了易于理解，本书使用了大量的图表及案例，力图将所有知识点具象化。除此之外，本书随书赠送店长日常工作中常用的二十多张图表的电子版，读者可根据企业实际在日常工作中调整使用。

　　本书适合餐饮企业管理者包括门店店长、运营总监、厨师长、储备店长、经理及餐饮行业创业者等阅读和使用。

◆　　著　　徐　剑
　　责任编辑　贾淑艳
　　责任印制　胡　南

◆人民邮电出版社出版发行　　北京市丰台区成寿寺路11号
　　邮编　100164　　电子邮件　315@ptpress.com.cn
　　网址　https://www.ptpress.com.cn
　　涿州市般润文化传播有限公司印刷

◆开本：700×1000　1/16
　　印张：14.5　　　　　　　　　2021年11月第1版
　　字数：250千字　　　　　　　2025年10月河北第19次印刷

定　价：59.00元

读者服务热线：（010）81055656　印装质量热线：（010）81055316
反盗版热线：（010）81055315

店长的角色应该是什么？

这个问题我问了很多人，有员工、有店长、有老板等，大多数人对店长这个职位的看法都是一致的：门店第一负责人，老板在门店的代言人，执行者＋决策者＋运营者。

我也一直在想，店长应该负责全店的管理还是前厅的管理呢？这个问题其实有点不好回答。

对于标准化程度很高的门店，诸如火锅店、快餐店，大多数店长能做到前后管理的统一，但是对于标准化程度很低的门店，门店店长更多的是在发挥前厅经理的角色，很难前后兼顾。原因主要是前厅业务出身的管理者，不擅长厨房的管理和技术操作，而厨房业务出身的管理者，又不擅于与顾客和外围人员打交道。除此之外，思想相对保守和固执，人际关系处理及应变能力较差，文化程度不高等，也是重要的因素。

基于近二十年餐饮行业的管理和研究经验，我总结了餐饮门店管理的痛点，具体如下。

一是店长的文化程度不高。文化程度的限制，使得复杂的管理要求和管理方式有时不能得到有效的落地实施。

二是店长接受的训练不够。很多餐饮门店的店长是通过"熬年头""熬资历"任命的，可能接受的专业训练并不多，所以导致其在经营管理过程中不够专业，不被信服。

三是工具化管理水平偏低。 大多数的餐饮门店管理仍旧停留在手写脑记，甚至口头管理上，并没有通过行之有效的工具来开展运营工作。

四是管理意识不足。 很多门店店长没有明确自己做管理的目的，能够给自己、给顾客、给企业带来什么价值，其管理意识有待加强。

因此我特别编写了此书，同时也配套制作了二十多张工具表和线上课程，力求用清晰明了的语言和配套实用的工具，让更多的店长真正掌握符合中国餐饮现状的管理方法，获得更大的管理成效，在提升自己的同时为企业带来更大的效益。

同样，我们衷心地希望，每一位门店的管理者都可以成为独当一面的优秀店长，并通过此书的学习，在日常的运营和管理中更上一层楼！

特别感谢东北花椒学社的创始人滕飞院长，以及联合创始人佳佳、京京等，作为联合出品方，他们为此书的出版提供了很大的帮助！我也感谢我的团队，餐易联合创始人江思燕、餐见先生品牌策划喻志远、资深咨询顾问阮文芝为本书顺利出版的默默付出。

同时我也特别感谢众多前辈和行业大咖对本书的推荐——大龙燚联合创始人王文军先生、张亮麻辣烫联合创始人姜柏东先生、木屋烧烤创始人隋正军先生、满宝馄饨创始人孙旭东先生、煲仔皇创始人薛国巍先生，感谢各位专家对本书的认可！

限于本人的知识水平，对于未能表述清楚或不足的地方，望读者指正。

徐剑

2021 年 8 月

随着移动互联网的快速发展，餐饮行业的经营模式和营销模式发生了巨大的变化。餐饮企业的竞争也越发激烈，各餐饮企业除了要应对来自本行业的竞争，还要应对来自其他行业的渗透竞争。在这样的时刻，如何立足自身实际，发挥已有的管理优势，进行独特的创新，是餐饮企业面临的严峻挑战。餐饮店长作为餐饮企业一线管理者，能否做好品牌的"代言人"和门店的"指路人"，关乎餐饮企业能否成功。优秀的餐饮店长是餐饮企业不断成长和发展壮大的基石，也是体现其核心竞争力的关键因素。

如今，关于如何成为优秀的餐饮店长的文章比比皆是，但是其都是从宏观上讲述餐饮店长应该具备的能力和素质，除了不具有系统性，也很少涉及餐饮店长如何在日常工作中较好地完成规定动作，并不断地提升工作要求等方面的内容。为了手把手帮助餐饮店长提升工作成效，笔者立足近二十年的实战经验，历时两年完成了本书的创作。

本书共七章内容，系统地介绍了餐饮店长日常工作中涉及的重要模块，包括自我管理、团队管理、运营管理、安全管理、厨房管理、销售管理和财务管理。其中，自我管理部分主要介绍了店长的职业定位、工作职责、能力要求，职业店长六大素质，以及店长的沟通力与执行力。团队管理部分主要介绍了人员招聘与面试，人事流程的办理，以及团队凝聚力建设。

运营管理部分主要介绍了店长该怎样上班，员工该怎样上班，如何安排门店的班次，门店的三个必要会议，以及如何开展培训。安全管理部分主要介绍了如何避免食品安全问题，如何避免消防安全问题，如何应对人员受伤及财物受损，如何处理顾客矛盾，以及了解门店需要遵循的监管要求。厨房管理部分主要介绍了厨房的技术管理，厨房的工作流程，订货及货物管理，以及餐厅毛利的控制方法。销售管理部分主要介绍了创造私域流量的方法，如何制定外卖策略，以及门店促销引流的方法。财务管理部分介绍了看懂门店财务报表结构的方法，以及进行收入分析和成本分析的方法。

　　本书志在成为餐饮店长的实战工具书，所以全书针对店长日常工作中的每个要点，详细介绍了其工作方法、工作流程及具体操作内容。为了易于理解，本书使用了大量的图表及案例，力图将所有知识点具象化。除此之外，本书将店长日常工作中常用的二十多张配套图表的电子版放在云盘中，读者可以根据本书前勒口列示的路径获取，而后根据企业实际在日常工作中调整使用。

　　笔者希望所有的餐饮店长都能在工作中游刃有余，不断成长。笔者将多年来的实战工作经验悉数呈现在这本书中，希望这本书能够成为餐饮店长的实务工作参考书。

　　由于笔者水平所限，书中难免存在疏漏之处，还请读者批评和指正。

目录

第一章

自我管理：

店长的定位、
职责、素质、沟通与执行

第一节　我该做什么：店长的职业定位、工作职责、能力要求

店长的职业定位是什么？店长在门店中的定位是什么？店长应该保持什么样的心态？

店长的职业定位

店长包括以下五个身份。

1. 门店的第一负责人

店长负责门店日常的经营和管理。店长是门店员工中工资最多的，也是门店员工中责任最大的，所以店长是门店的第一负责人。在门店的经营过程中如果出现了问题，应该找谁呢？应该找店长。门店中无论是员工、领班、主管，还是厨房的厨师长、副厨师长，如果在工作中遇到了问题，都应及时向店长汇报，由店长来做最终的决策。如果店长授权经理、厨师长一定的奖惩权、管理权和决策权，那么出了问题应该找谁呢？这个时候的责任人有两个：其中一个是被授权的人，因为被授权的人有着相应的责任；另一个是店长，由于这些权利是店长授予的，所以店长应承担连带责任。

如果要罚一个领班，那么店长至少要承担 10% 的责任。不是说下属出现了任何问题都是下属的责任，因为下属的工作是由店长安排的，其权利也是店长给的，如果下属出了错就全是下属的责任，那么店长的门店第一负责人的这个定位就会出现问题。如果授权后店长就不用承担任何责任，那当一个店长就太容易了，只需要任命几个管理者并授权，出了问题由他们扛着就可以了。可是这样还能称其为一个合格的店长吗？因此，门店的

第一负责人必须是店长，而且门店所有管理者所犯的错误，店长都应负有相应的责任，这是店长的职业定位之一。

2.公司决策的建议者和支持者

对于公司的发展，店长有义务提出自己的想法和建议。此时，店长就是公司决策的建议者。另外，一旦公司做出了最终决策，店长就应该坚决地予以支持和拥护，不议论，不抱怨，全力以赴地执行。

有很多店长在公司做决策的时候不发表意见，觉得自己多说多错，少说少错，不说就不会错，如果是这样，公司在处理很多事情的时候就会失去基础，就有可能走错方向，出现问题。门店店长必须要从门店一线的实际情况出发向公司提出相关建议，而不是保持沉默。也许有人会说：公司的某次决策最终由老板拍板了，店长提出的建议也没有被采纳啊！也许店长提出的建议公司没有采纳，但是如果你不提，公司永远都没有机会采纳。这次提供的建议公司没有采纳，但至少公司听到了一个不一样的声音，无论这个声音是对决策的支持还是反对，公司都希望听到更多不同的意见，然后对这个决策进行评估。

例如，一次会议有10个人参加，其中5个人是店长，但却没有店长发言，那么公司怎么敢把相关决策推进下去呢？如果店长都发言，都站在门店的角度提出意见，这些意见与公司一开始的决策基本相符，相关决策的推行就变得水到渠成了。如果店长提出的问题恰好是公司没有想到的，而且恰好是门店当中都有可能发生的，那么公司应该考虑采纳大家的建议，看是否要修正一开始做的决策。在会议中，公司至少会拿出一个方案来跟大家讨论，店长必须提出自己的想法，因为这是店长的责任，不是说公司让我干什么我就干什么，如果永远抱有这种想法，那么店长永远都是跟着公司走的人，而不是一个能够推动公司发展的人。所以，店长一定要先学会提出自己的建议。

当店长提出了建议和想法之后，公司就有了参考，知道店长真正在思考公司当下的问题，这是老板想要看见的。同时，一旦公司做了决策，不管是否采纳了店长提出的建议，店长要做的就是全力拥护公司的决策，而不是在决策之前不说话，决策之后提出一大堆意见，这是在拖公司前进的后腿。只要店长全力支持公司的决策，哪怕最终的结果是不好的，那也是决策的问题，而不是执行的问题。一定要记住，店长是公司决策的建议者和最终决策的支持者。

3. 公司上传下达的执行者

店长作为门店的第一负责人，对于公司所下达的指令，无论认不认同都应该坚决执行。上级下达的指令不一定都要向店长解释清楚，也许是因为时间的关系，也许是因为大家理解角度的问题，有时一时半会儿是解释不清楚的。接到公司下达的指令后，店长应该全力以赴地去执行，遇到任何困难一定要先想办法克服，再寻求帮助，而不是摆出一堆执行困难的理由。

店长想到的困难老板可能也会想到，讨论完当下的困难该怎么解决之后，在执行的过程中又会有新的问题出现，所以不需要那么纠结。把初期可能遇到的困难先做一个预判，然后自己制定解决方案，不能因为不理解指令或者执行有困难就不做了。

4. 门店员工的朋友和家人

前面三个店长的职业定位都是基于公司层面的，而该职业定位是基于员工层面的。店长应该用关心和关怀去感动和凝聚身边的伙伴，让他们围绕在店长身边去努力工作，更要像对待家人一样去鼓励和关爱他们。

员工的朋友和家人，这是店长的一个很重要的身份。对于门店员工，既要告诉他们怎么工作，还要与他们和谐相处，为他们答疑解惑。他们可能感受不到公司能给予他们什么，因为公司给予的福利待遇都要经过店长这一纽带，所以他们更能感受到的是店长在代表公司管理他们。

作为门店的店长，可能要管十几个人甚至几十个人，如果不能与员工做朋友，不能把他们当作家人，只把他们当作"一双能干活的手"，觉得不行就换掉他们，那么永远也不可能当好一个管理者。

5. 身先士卒的先锋者

在门店的运营过程中，当员工遇到困难或挑战的时候，在苦活、累活、脏活大家都不愿意干的时候，店长应该怎么做？此时，店长应该以身作则，身先士卒，发挥模范和带头作用。店长是门店员工的榜样，也是公司的"代言人"，所以当门店员工遇到困难的时候应该主动帮助他们，当他们都不愿意去干的时候，店长应该第一个站出来带头干。

例如，今天洗碗工腰不舒服了，洗碗时要洗一会儿歇一会儿，等大家都快下班了，她可能还要洗两个多小时。这个时候店长发号施令："谁去帮阿姨洗一下碗？"这是极大的错误，作为门店第一负责人，店长应该卷起袖子跟大家说："谁愿意跟我一起去洗碗？"作为先锋，店长必须做好表率，如果不能做表率，大家就会觉得店长是遇到困难往后躲的人，觉得其无法依靠。

餐饮店长的工作职责

明确了店长的职业定位，接下来就要明确店长的工作职责，也就是店长在门店中的具体工作。门店店长一共有八大工作职责，其中每一项职责都是店长每天工作当中的核心工作内容。

1. 完成门店的经营目标

店长要协助公司分解门店的经营目标，并确保相关目标的达成。作为门店的店长，不能只是"埋头干活，不出问题就好"，门店是否赚钱也不关心，这是大错特错的，因为店长的第一要务是完成公司的经营目标。例如，公司今年给门店制定了360万元的营业额目标，这就需要店长把该目标分解到每个月，再分解到每一周，每一天，甚至分解到每个时段，只有这样紧盯目标，才能了解目标的完成进度，从而更容易达成目标。门店的位置好、装修好、产品好、组建的团队好，并不能保证门店完成经营目标。如果店长的工作不以经营目标为基础，那么他就不是一个合格的店长，所以带领团队完成公司制定的经营目标是店长的第一职责。

2. 完成门店的管理指标

店长应完成公司对门店管理方面的要求，努力达成相关的管理指标。门店管理就是让门店正常平稳地运营。衡量门店的运营是否正常平稳的管理指标有很多，如门店的卫生环境、服务标准、出品标准、维修维护、营销活动的推动等。关于管理指标的具体内容，在后面的章节中会详细介绍。

3. 通过值班管理手段保证门店的正常运转

店长应每日坚持完成高质量的值班工作，保证门店的良好运转。员工工作出现问题、设备损坏、总是停水停电、怠慢了顾客，这些都是门店日常管理过程中会出现的问题。因此，店长每天都要安排好自己的值班工作，保证门店的正常运转，确保人员、机器设备、物料、环境清洁等方面不要出现问题，避免给公司和门店带来麻烦。做好值班管理是店长日常管理中非常重要的一项工作内容，也是店长主要的工作职责之一。

4. 带领团队处理好门店中的各种突发事件

门店中的突发事件有哪些？顾客受伤、突然停电、收银系统突然出现故障、进货批次出了问题等都是门店中常见的突发事件。店长应安排好下属的工作，并指导下属解决门店中的突发事件，避免问题的发生。这些突发事件可能是由多个维度的情况导致的。比如顾客投诉，出品的问题、员工态度的问题等都可能导致顾客的投诉，顾客甚至还会到食品药品监督管理局、消费者保护协会去投诉。又比如，顾客用餐期间突然发生停电事故，菜做不出来，单下不了，账也没法结，很多维护性工作都无法正常开展，这些都是门店可能会出现的突发事件。此时该如何应对呢？店长需要带领团队处理这些问题，而不是把所有的问题全部汇报给老板或上级让他们来解决。如果不管门店发生什么事店长都让上级来解决问题，那么店长只能算是一个信息传达者，而不是一个管理者。

5. 通过检查等手段预防门店发生安全问题

店长应该通过定期的检查、培训等手段，防止门店发生安全问题。前面讲到的一些突发事件就是安全管理的一部分，店长不应等突发事件发生后再去处理，而是应该通过日常检查来防止这些问题的发生，防患于未然。安全管理中的安全包括人身安全、财产安全、消防安全、食品安全等。这些在后面的安全相关内容中会做详细说明，包括如何操作、使用什么工具、采用什么方法去完成这些必要的工作。

6. 严抓人事管理，在保障员工利益的同时防范门店的劳动风险

有效执行门店的人事流程，保障员工的收入，同时预防并应对劳动关系中出现的风险，这是门店店长非常重要的一项职责。公司经常会遇到一些员工到劳动局去投诉，或者因为加班的问题与公司产生矛盾等情况，而

这些劳动关系问题大部分都是在门店中发生的，这是由什么原因造成的呢？一般有两个原因：一是门店在制度上存在一些问题和漏洞；二是在这些问题发生的时候，店长没有第一时间解决问题，从而让问题变得更严重。例如，店长可能会随意地对员工说："你想干就干，不想干就走人。"其实这句话违背了《劳动法》的一些相关要求。店长应按相关要求执行门店人事流程，在保障员工正常收入和正常福利的同时，防范劳动关系风险。

7. 营造互助、团结、友爱的氛围，提升员工的满意度

店长应通过公司的福利条件、团建支持，以及自身的沟通和公平执行的能力等，为门店营造一个良好的工作氛围。任何一家门店都必须有一个良好的工作氛围，没有人愿意在一个整天钩心斗角的环境中工作，更不愿意每天做什么事情都要看管理者的脸色，这样的环境是没办法让员工长期稳定工作的。因此，店长应带领团队营造一个互助、团结、友爱的工作氛围，提升员工的满意度，让他们觉得在这里工作很开心，这会增强他们的工作稳定性，甚至会使他们介绍更多的伙伴到门店来工作。

8. 加强与顾客的沟通，提升服务，提升顾客的满意度

在日常工作中，店长应通过沟通和交流提升顾客对门店的好感和印象，提高他们的复购率。很多时候，在顾客用餐期间除了点菜和结账，很少有员工会主动询问顾客"今天吃得好吗""今天菜品如何""今天的服务满意吗"，没有人在这些细节上对顾客进行关注。店长应通过日常服务和对客交流让每一位来门店的顾客都高兴而来，满意而归。

顾客有时会对门店的某一方面感到不满，但是如果店长或店员在顾客还没有提出的时候便通过服务主动与顾客进行沟通，表达歉意，问题就会被化解。这样做，顾客会觉得无论是店长还是店长带领的管理团队都十分

关心他们的用餐感受。

很多店长因为不是科班出身，也没有受过专业训练，所以他们成长起来以后并不知道一个优秀的管理者应该怎么做。上述八大职责为这类店长指明了方向，店长应该牢记这些内容。

门店店长的能力要求

门店店长应具备的基本能力包括以下四个方面。

（1）执行力。执行力是什么？严格执行、快速执行就是执行力的基本内涵，即把事情做好，把事情做快。把事情做好是指你做了某件事情，其结果是好的，是大家认可的，而不是花了很多时间把事情做了以后，最后发现做得不好。再就是把事情做快，即做事情不要拖拉。很多人做事喜欢拖延，总是一而再，再而三地把事情往后拖，也就是通常所说的有拖延症。做事情又好又快，并且能花费很小的代价完成某件事情，这样的执行力毫无疑问是强的。

在执行过程中还有十分重要的一点——态度。在做一件事情的时候，店长要做到不计较、不议论、不抱怨、不抵触和不拖拉。

不计较就是在执行过程中，即使有人拖你的后腿、有些上级对相关指令解释不清楚也不去计较。

不议论就是不管公司的决策是否正确，都不在背后议论。当员工跟店长说："我怎么觉得公司这个决策不对呢？"店长的回答应该是什么？此时店长应该说："现在不讨论这件事情，既然公司已经决定了，我们做就行了，我们可以一边做一边把遇到的问题反馈给公司。我们不议论，我们先做。"

不抱怨就是在执行过程中遇到问题、挑战，公司给的支持不够，执行条件也不好时，店长不应抱怨，此时店长要做的就是解决问题。

不抵触就是无论公司安排了什么样的工作或任务，第一要务就是把它完成，不要有太多的意见。

不拖拉就是遇到问题时快速解决。

（2）沟通力。沟通力是指店长与其上级、平级、下级进行沟通时比较高效且顺利。这个概念比较好理解，就是勤沟通，善沟通。上级给店长安排一个工作任务后，店长应向上级表示接到任务，并保证完成任务；在执行任务的过程中，店长应每月向上级汇报一次工作进展，并就工作中遇到的问题进行沟通。因此，勤沟通的意思就是要经常与上级就所有的工作进行沟通，隔三岔五地向上级汇报一下工作进展，无论是通过微信还是电话。大部分上级都喜欢愿意与他交流的人，因为上级会觉得他在教你，让他觉得自己有价值。不但要勤沟通，还要善沟通。店长应使用请教的方式与上级进行沟通，比如"领导我打算这么做，您觉得怎么样""领导现在工作做一半了，您有什么建议"。

店长还应与平级进行积极的互动和交流，用自己的知识和观点去影响他们，同时吸取别人优秀的工作经验。店长也要与下属多沟通，因为很多下属不愿意与上级沟通，如此一来，其工作上的困难或问题就无法得到解决，甚至会导致问题越来越严重。此时，店长应与下属多沟通，引导其把心里话说出来，与其一起将问题解决掉。如果店长没有沟通力，就没有办法与大家打成一片。

（3）学习力。学习力就是持续学习，提升自我的能力。有很多人买了很多书，但是把书放在书柜里，翻都没翻开过；也有很多人买了很多线上课程，但也一直存着，没时间去听。愿意主动学习，并且能够边学边用，这才是学习力。身为门店的店长，在日常工作中有自己不会的方面应该主动学习，正所谓"技多不压身"。

　　无论是老板给你提供的学习机会，还是公司安排的培训，店长都应该积极参与，牢记所学知识，并结合门店实际情况将所学知识应用在日常运营和管理中。

　　（4）持久力。持久力就是面对困难时不要放弃。很多时候，放弃一件事情会有一万个理由，比如"我没有时间了""我太累了""我学不进去了""我太忙了"等，而不放弃的理由只有一个，那就是坚持。在面对困难的时候不要泄气，因为你面对的困难别人可能也面对过；面对不理解的时候也不要退步，要坚持将这个难题化解掉；面对议论的时候不要动摇，自己所坚持的东西要坚持到底。勇敢面对困难，不放弃、不泄气、不退步、不动摇，这就是店长需要具备的持久力。

课后作业

　　请你根据本节的内容完成一篇总结，这篇总结主题是对一个职业店长的理解，要包含你的自我评价，比如你符合哪些要求，哪些方面做得还不够好。

第二节　职业店长六大素质：店长的职业素质管理，做一个职业管理人

什么是素质

　　素质是一个人"德、智、体"全面发展的体现。德就是道德素质，是指一个人的思想品德、人品、人格的发展水平。智就是智力素质，是指一个人

的文化水平和智商水平。体就是身体素质，是指人体在活动中所表现出来的力量、速度、耐力、灵敏、柔韧等机能，是一个人体质强弱的外在表现。

餐饮职业店长的六大素质

餐饮职业店长至少需要具备以下六个素质，每个素质都非常重要。

第一个素质是诚信。诚是指真诚和诚实，信是指信用，只有真诚又讲信用，别人才会觉得这个人可信、靠得住，所以诚信是店长最基本的素质。但是有的店长不讲诚信，说绝对不泄露公司的秘密，结果一转头就向别人透露公司的配方、公司的收入、公司的利润，这就是典型的不诚信的表现。如果有一天你当了老板，你愿意雇用这样的人来做店长吗？不诚信不仅表现在泄露公司秘密，还涉及其他一些表现，比如你表面上表示支持公司的决策，结果在私底下总说公司坏话；有员工向你反馈了一些问题，你答应会处理，结果给忘了，或者根本就没打算去处理，而是一拖再拖；有时你口头答应给员工一些奖金、待遇等，最后却反悔了。诚信是说到做到，否则最后没有人会再相信你，这是对人品的最大消耗。

第二个素质是坚持。坚持就是面对一件事情不退后、不放弃。有很多理由让你不去做一件事情，可是坚持没有理由。我们在做一件事情的时候，一定要坚持本心，本心就是为什么要做这件事情，为什么要坚持做这件事情。人通常会坚持自己想做的事情，而很难坚持自己不想做的事情，所以坚持做一件事情就是不找理由，也不后退、不放弃。店长应在自己的能力范围内坚持做好自己的本职工作，不要给自己找理由。当店长无法解决门店中出现的问题时，应先想想自己跟员工沟通过吗，采纳过员工的建议吗，跟团队开过会吗，采纳过团队的建议吗，向上级寻求过帮助吗。如果你考虑了所有方面，用尽了各种办法仍无法解决问题，在这种情况下要放弃还可以理解；但当你遇到困难的时候还没有开始做，就开始找理由说做不到，这就是典型的没有耐心、没有恒心。

第三个素质是负责。负责就是不推卸责任，勇于主动承担责任。负责的店长会让门店员工、公司上级觉得其靠得住。任何一家餐厅都会出现问题，店长既然是第一负责人，就应该勇于承担责任。例如，老板来到店里考察，发现传菜员端着一道颜色、分量明显不对的菜品（没按标准出品），老板肯定会不高兴，但他不可能亲自处理这件事，他会把这件事交给店长处理。此时店长该怎么处理呢？有些店长会端着这道菜，怒气冲冲地走进厨房，把菜往台上一放，质问这道菜是谁做的，然后劈头盖脸地对做菜的人进行责骂并让其埋单，随后告诉老板这件事处理完了。我们发现很多店长是这么处理问题的，即发现问题马上找责任人，并表示这件事与自己没什么关系。如果菜品接连出现问题，那么与店长一点关系都没有吗？事实上，如果出现了产品质量问题，那就是店长的问题。为什么老板能发现问题而你却没有发现，这很有可能是因为你监管不到位、检查不到位、训练不到位、督导不到位。若店长没有发挥自己的监管职能，哪怕这个错误完全是由操作人员引起的，店长也要承担一定的责任。此时，店长应该端起菜品，进入厨房之后说："这道菜是谁做的？如果不是老板及时发现问题，这道菜可能已经端到顾客的餐桌上了，到时可能就不只是菜品的质量问题，还有可能面临赔偿，承担其他责任。不过这件事情也不能完全怪你，怪我监督不到位，这道菜的责任我承担 20%，你承担 80%。"另外，在老板面前汇报的时候也要表明态度，勇于承担责任，表示愿意一同接受处罚。这是店长应该拿出来的态度，否则你永远不可能成为下属的靠山，他们会觉得你只是一个擅于推卸责任的人，并不是能一起承担风险和责任的人。如果没有负责的态度，你永远收获不了人心。

第四个素质是自省。自省就是自我反省，自查问题。每个人身上都有问题，自省能帮助我们发现自己的问题，明确自己的责任，然后改正。这些问题可以是自己发现的，也可以通过他人之口得知，然后自我反省，改正错误。自省是店长的基本素质之一。

第五个素质是谦虚。谦虚就是不骄傲、不自满、不目中无人。我们遇到过很多店长觉得自己很牛，比如"我在 ×× 等知名企业工作了很多年，没有我搞不定的餐厅"。一山总比一山高，你认为自己很懂管理，但你确定什么都懂吗？懂厨房管理的不一定懂前厅管理，懂前厅管理的不一定懂运营管理，懂中餐管理的不一定懂快餐管理，懂快餐管理的不一定懂西餐管理，任何人都不应该骄傲和自满，因为总有你需要学习的知识。店长应该明白，每一家门店的经营成果未必全是店长的贡献，有可能是门店的位置好，有可能是厨师长的业务水平高，有可能是老板在这家门店的营销投入较多……一个木桶能装多少水，与最短的木板有关，最短的木板有多短，这个桶就能装多少水，所以一定要想办法弥补自己的短板。即使现在没有什么短板，也不要自满，因为这个世界上总有人比你更优秀，总有值得你学习的地方。谦虚使人进步。

第六个素质是包容。包容就是允许别人犯错，不计较别人的错误，给别人改正的机会。没有人是不会犯错的，当别人犯错之后一直抓住不放，得理不饶人，这是一种不包容的态度，持有这种态度永远没办法与别人融洽相处。在别人犯错误的时候，你应该原谅别人，不斤斤计较，给别人机会，只有这样你的胸怀才能越来越宽广。

讲诚信，坚持奋斗、坚持工作，勇于负责，面对问题能及时进行自我反省，获得很好的业绩还懂得谦虚，有宽广的胸怀容纳别人犯错，这就是一个优秀的餐饮店长需要具备的素质。有了这些素质，无论是在公司还是在门店，都会得到大家的尊重。

请你根据本节内容完成一篇总结，在总结中写下你对店长素质的理解，比如你对这六个素质是怎么看的，你是怎么看待负责这件事情的，你是怎么看待包容这件事情的，你认为自己在哪些方面做得还不够好等。

第三节　沟通力与执行力：店长的基本沟通步骤及执行落地工具

什么是沟通力与执行力

沟通力与执行力是餐饮店长应具备的基本能力。

1. 沟通力

有些人在沟通时只顾自己滔滔不绝地说，也不管别人的想法，这种沟通方式是不对的；有些人沟通时只听对方怎么说和说些什么，至于自己怎么想的却懒得和对方说，这种应付了事的沟通态度也是不对的；有些人在沟通时，如果对方不听或听不明白，就大声嚷嚷，这种沟通方式同样是不对的。那么到底怎样的沟通方式才是正确且高效的呢？

高效的沟通应注意以下两点。

第一点是仔细聆听对方的话，先不要急着做判断。在沟通时，如果你连对方的基本情况都不清楚，连对方要说什么都不清楚，那么你怎么能进行高效的沟通呢？因此，在沟通过程中，无论对方表达的是什么，要给对方说话的机会，要听明白对方的意思，而不是急着判断对方是否正确，如果你连说话的机会都不给对方，你们之间的沟通就会出现问题。无论沟通的结果怎么样，至少要先尊重对方，耐心地听对方说完，这是高效沟通的第一步。

第二点是把话说全，边说边听，努力使双方观点达成一致。把话说全就是把意思表达清楚，让对方完全听明白。边说边听就是当你说到一些事情的时候，对方可能有一些想法，这时可以停下来听一听对方的想法，因为当你一口气说完你的想法，对方会觉得你不尊重他，这样他就不会再表达自己的想法了。双方都进行了充分的表达后，接下来就要就谈话问题达成一致的观点。在这个过程中，如果双方无法达成一致的观点，就要再进行交流，直到达成一致。如果实在无法达成一致，就求同存异，先搁置，换个时间再沟通。沟通双方达成一致观点并不是说必须按照某一方的想法做，这叫压倒性沟通，显然这种沟通是无效的。

2. 执行力

有些人是领导安排什么做什么，不去分析这么安排的具体原因，先做了再说。这样的执行态度好不好、效率高不高呢？还有些人的执行态度是面对领导的安排，我就不干或者慢慢干，甚至对着干。例如，公司规定擦桌子要擦三遍，第一遍用除渣除油的毛巾擦，第二遍用消毒毛巾擦，第三遍用干毛巾擦。很多店长和员工不理解公司为什么要安排得这么麻烦，于是就不按公司说的做，公司规定擦三遍，我就擦一遍。用这种态度来执行工作，效果会好吗？

有些人很辛苦，付出了很多的时间和精力把工作做完了，但是最终结果不是很好，但他们会觉得自己没有功劳也有苦劳。这种想法是对的吗？

到底什么是执行力？执行时应持有怎样的态度？如何才能有效地执行？这是身为一名店长必须了解的。

（1）弄明白了再做，比着急做但是做错了要更好。当接到一项工作任务的时候，店长要先弄明白这个工作的重要程度，并明确具体的工作内容。对于工作内容，并不是你自己认为听明白就真的明白了。若店长出于害怕或不在乎就假装明白了，在执行过程中难免会出现问题。因此，在上级下达工作任务时，店长应就自己的理解与上级进行沟通，以确定自己的理解是否正确，然后再去执行，这样执行效率才有保障。

（2）行动要快。行动要快就是不要有拖延症，遇到一件事情要立刻执行，不要一拖再拖。

（3）代价要小，结果要好。店长在工作时应尽量用最小的成本实现最佳的结果。比如在做一项工作前，店长应做好计划，并且留出一定的时间，以便应对意外情况的发生。这样做的目的就是以更少的时间成本来实现一个较为理想的结果。

餐饮店长与上级、平级、下级的沟通方法

那么，餐饮店长应该如何与自己的上级、平级、下级沟通呢？店长与上级沟通通常是在店长遇到了问题的时候，这个时候很简单，将问题直接提出来就可以了。还有就是在上级安排任务时，店长需要与上级进行沟通，提出自己的疑问，这也是对店长的基本要求。领到任务时，店长必须要将自己的疑问提出来，比如上级让你出差，那你就要问清楚出差要做哪些事情、跟谁去、什么时候回来、需要交付什么结果。有时上级未必能事无巨细地跟你讲一遍，所以你要考虑得周全一点，从而与上级进行更有效的沟通。

　　平级沟通是指在组织内各职能间横向的一种沟通，大家相互之间在权力上没有太大的差异，比如店长与厨师长之间。平级沟通的基本目的一般都是沟通相互间的工作，因此大部分的平级沟通还算是愉快和顺利的。在与平级的人沟通时态度要平和，就事论事。比如今天前厅有一个顾客投诉某道菜品，把服务员骂了一顿。面对这种情况，店长需要与厨师长进行沟通，因为是厨房出现了失误，从而连累了服务员。当顾客投诉出品的时候应该怎么解决？服务员应该如何与厨房沟通？又该如何让厨房来承担责任？这些是店长与厨师长应讨论的关键问题。因此，双方在沟通的时候态度要平和，要就事论事，一定要拿出一个相应的解决方案。

　　与下级沟通是有技巧的。与下级沟通的目的主要是处理问题，化解矛盾。因为员工可能会犯错，可能会表达对公司的不满，可能会与同事或管理层产生矛盾等，在这种情况下就需要店长与当事人进行沟通。下面介绍与下级沟通的基本步骤和方法。

　　第一步是问清事实。比如服务员在点菜的时候给顾客点重复了，多上了一道菜，顾客投诉了。在这种情况下，服务员可能会为此埋单，要承担这份责任。店长要问清事实，明确到底是什么原因导致顾客投诉。此时，店长要先给服务员一个说话的机会，让其可以心平气和地将这件事情讲清楚，缓解其紧张的状态，如果上来就劈头盖脸一顿骂，那双方就无法交流下去了。只有问清了事实，店长才能进一步采取解决措施。

　　第二步是认可对方。还是以重复点菜为例，在问清事实后，店长可以按以下方式表达。

　　"我觉得你过去表现挺好的，对顾客是非常积极热情的，顾客对你都很满意，你平时工作也很细心，我们对你都是非常看好的。"店长应先表扬服务员过去表现好的地方，这可以让对方的对抗情绪和害怕情绪得到缓解，其随后讲的话也更容易被服务员接受。

"不过今天这件事，确实是你粗心，没有做好检查工作。"店长应对这件事情的观点做一个陈述，让服务员明白店长的看法，同时观察服务员的态度。

"不过没关系，谁都会犯错，谁都有可能会出现粗心的情况。"这种安慰的话语，可以让服务员觉得店长并不是在针对他。当服务员对店长的立场比较清楚了，也在一定程度上表示认可了，店长就可以表达自己的处理方法了。

第三步是双方就观点和处理方案达成一致。"今天确实是因为你粗心把这道菜点错了，但我可以理解，中午那么忙。这样吧，责任我们一人一半，如果当时能再替你检查检查，也不至于出现这种情况，我也需要承担一部分责任。"店长要承担检查、督导、训练等相关责任，适当地与对方一起承担责任可以让对方对你感恩，对企业感恩，从而在以后的工作中更加积极。

双方应就观点和处理方案达成一致。哪怕各自做出让步，也不要偏离这个目标。做出处罚，与对方一起承担处罚结果，甚至本次不做处罚，这些都是店长的管理手段，只要你们达成一致的处理方案，最终可以很好地解决本次问题，那么本次的沟通就是有效的。

所有的沟通都应该有一个配套的工具表单，这个工具表单叫"员工沟通记录表"（如表 1-1 所示），这张记录表是与下级员工开展沟通时使用的，沟通当时不要拿出来填写，应在沟通结束以后一项一项地填写。填完这张表以后，需要将其放在与团队管理相关的沟通文件夹里。

餐饮店长的执行落地工具

既然要执行一项任务，就要强调高效，要善于沟通，行动要快，更关键的是要做好计划，以帮助我们有效地解决执行力的问题。店长执行力落

表 1-1　　员工沟通记录表

被沟通人：　　　　　　　　岗位 / 职位：　　　　　　　沟通时间：　　年　月　日

沟通项目选择
□员工犯错　　□员工间矛盾　　□员工与管理层矛盾　　□员工心情或情绪不好 □对公司或上级的规定不理解或不满意

具体问题描述

沟通方法记录		
序列	步骤	沟通人确认（打钩）
1	**问清事实**：到底发生了什么？具体怎么回事？怎么考虑的？	
2	**认可对方**：对对方过去的优异表现表示认可和肯定，并不因为此事否定对方。	
3	**摆明立场**：你对这件事的看法（你的看法要是正确的）。	
4	**提出方案**：提出一个解决方案，如果不合适就沟通和探讨方案。	
5	**达成一致**：双方对当前的事情或看法必须有一个统一的结论，最好再探讨确定以后发生类似问题的解决办法。	

处理结果记录	
沟通人		**沟通时间**	

表格使用说明：

1. 此表格切记不要当着沟通人的面进行填写；

2. 此表格需要在沟通结束之后填写；

3. 此表格必须为领班级别以上的管理组使用，比如主管、经理、厨师长等；

4. 此表格填写完后需要拍照发送给自己的店长，以及更高级别的区域经理、运营经理或老板；

5. 此表格原件需要保存在门店的"团队建设管理"文件夹当中，作为存底；

6. 处理结果记录里需要填写：此人是第几次发生这种事情，处理完后对方的状态是否满意平和，以及处罚结果或者沟通结果。

地的最佳方法是先做计划再对计划进行追踪。店长有两个方面的计划工作，月度工作和每日工作。月度工作就是在每月 25 日至 30 日期间，针对下个月每一天的重点工作做排期，并填在"店长月度工作计划表"中。每日工作是对自己每天的固定工作及月度工作的具体执行进行安排，此时需要用到的工具是"值班计划时间表"。关于此表，在后面的值班相关内容中会为大家详细解读，现在先讲解"店长月度工作计划表"，如表 1-2 所示。

"店长月度工作计划表"的填制步骤如下。

（1）在计划表上填写自己下个月的休息日和公司开会的日期。店长的休息日应避免安排在门店最忙的时候或节假日，尽量确保在门店生意最好的时候在店里工作。

（2）明确公司月度汇报工作的时间安排和公司安排的重点工作的时间要求，将其写在计划里。店长应明确下个月公司给你安排了哪些具体工作，有没有给你确定的日期，如果没有店长就要主动申请把日期确定下来。比如公司让你下个星期三去一趟食品药品监督管理局，那么你就应将这个日期写下来，时间应该再具体一些，如在星期三的 10:00 至 12:00 去食品药品监督管理局。另外，约的是谁、其联系方式是什么、要处理什么事情等，类似具体的内容都要记录在计划表中。

（3）如果重点工作都安排好了，有些日期没有什么重点工作要做，那么就安排门店中的日常工作，如值班。在填写计划表时，店长要将当班时间写清楚，这一点非常重要，因为老板会据此掌握店长的值班情况。做计划是为了让自己的工作安排更科学，更严谨，这是职业店长应该做的事情。

（4）针对每天要完成的工作，应该写清楚具体的时间安排和工作内容。我们在制定月度工作计划的时候，要对每天的具体工作有一个大概的时间规划。如果今天安排了大扫除，就必须将大扫除的时间写清楚，是 10:00 至

表 1-2　店长月度工作计划表

填写门店		XX 店		填写人		XXX		填写时间					
星期一	工作计划	星期二	工作计划	星期三	工作计划	星期四	工作计划	星期五	工作计划	星期六	工作计划	星期日	工作计划
		5		6		7		1		2		3	
4		12		13		14		8		9		10	
11		19		20		21		15		16		17	
18		26		27		28		22		23		24	
25								29		30			
下月的固定工作													
下月的重点工作													
本月发生的计划外工作													

11:00 还是 21:00 至 22:00。我们要学会对时间和节点进行合理安排，以养成高效的执行力，让工作更饱满，更有效率。

（5）制作好的计划表一定要经上级或老板审批，最终敲定计划并按计划执行。老板有权利对你的工作计划做调整，比如你原定计划是下个月 5 日去一趟食品药品监督管理局，但把计划表交给老板一看，他已经联系调整到下个月的 15 日了。于是你就要对计划进行调整，如果老板告诉你不用去了，他已经解决了，那么你就可以把这项计划去掉，安排别的工作。每个月的工作计划一旦敲定好，店长就需要将其打印出来，张贴在办公室，让办公室中的每个人都知道这个月的工作重点是什么，店长也可以打印出来一份随身携带，便于随时查看。

（6）每个月的工作计划不是一成不变的，可能会出现计划外的工作，这时要将相关事项记录在计划表里，并且调整原定计划的工作日期。比如原计划当天要去城市管理行政执法局，结果老板突然说临时要开会，这件事推到明天再办，那么你就要将该项工作调整到第二天。千万记住，除非特殊原因，否则原定的工作计划不可以轻易取消，只可以调整日期，一定要将其完成。

课后作业

作业一：请按照本节内容介绍的沟通步骤，将与员工的沟通过程记录下来，完成一张"员工沟通记录表"。

作业二：请完成一份下个月的"店长月度工作计划表"，然后交给你的老板审批。

第二章

团队管理：

全门店人员
管理的三大核心内容

第一节　人员招聘与面试：
人员招聘的基本方法和面试技巧

人员招聘的"前因"和"后果"

所谓前因就是在招人之前，店长必须要先明确的三个基本问题。

第一个：为什么要招人？

第二个：应该招多少人？

第三个：按照什么样的标准招人？

这些问题通常会有三个表面上的回答。

为什么要招人？因为店里缺人，这回答多简单呀。

应该招多少人？根据门店的编制招人。

按照什么样的标准招人？按照公司制定的用工条件和工资福利招人。

这三个回答看起来像是特别直接的解释，但是，这三个回答非常表面化，那么深层次的答案到底是什么呢？

门店为什么会缺人？缺人的原因有很多，其中可能会涉及很重要的一个问题，即管理问题。门店的管理做得不好，就有可能缺人，管理问题是导致缺人的重要原因之一。那么这是谁的问题呢？这是运营负责人和店长的问题，这一点在后面会继续进行分析。上文提到，门店应根据门店的编制招聘人员。这是运营管理工作方面的需要，是为了保障门店的正常运营。通常这是运营负责人和老板解决的问题，店长只是执行者。但作为店长你应该想清楚，既然这个门店交给你来管理，如果你有可能用更少的编制实现更高的效率，那么这就会成为你的工作成绩。

店长应按照公司制定的用工条件和工资福利来招人。那么，用工条件和工资福利又是怎么制定的呢？我们为什么要制定这样的用工条件和工资福利呢？用工条件和工资福利与人力成本的核算和市场水平的综合考虑相关，一般是人力资源负责人要思考的问题，如果公司规模较小，没有人力资源部，那么这就是运营负责人和老板共同考虑的问题。也就是说，用工条件和工资福利标准是由人力资源和运营负责人及老板共同确定的。

我们在服务了几十家不同的企业，做了上百家企业的调研以后，得到了餐饮企业员工离职原因的数据分析。数据显示，在餐饮企业中，18%的员工离职是因为所得工资比其他餐厅低；22%的员工离职是因为工作氛围很差，大家不团结，工作不开心；26%的员工离职是因为薪资、考核、管理制度方面的不公平。

（1）薪资不公平。例如，都是新来的员工，一个人的工资是3000元，另一人的工资却是3500元，公司对此又给不出一个合理的解释，如此一来，工资少的员工心里肯定会觉得不平衡，会觉得店长有所偏袒。

（2）考核不公平。在公司对员工进行绩效考核后，若员工发现绩效考核结果不公平，员工的心里也会觉得不平衡。

（3）管理制度不公平。很多公司的管理制度规定，迟到一次就处罚100元，这在一定程度上会让员工觉得不公平，为什么？因为员工在平时忙的时候也会加班到很晚，可能公司也从来没有跟员工谈过加班费，也没有为加班员工准备夜宵餐，员工打车回家还要自己出钱等。这会让员工觉得公司处罚和奖励制度有问题，觉得很不公平。也有很多管理制度是在管理者的执行下显得不公平。举个例子，有一个员工今天迟到了，由于他日常表现很好，公司使其免于处罚，这件事如果让其他员工知道了，他们会觉得公司处事不公平。

另外，11% 的员工离职是因为福利和吃住条件不好。例如，公司从来没有给员工发放过生活上的福利。员工餐和宿舍是公司向员工提供的基本保障，若员工每天吃的都是"边角料"，菜的口味也不好，那么员工肯定会觉得不舒服。有些公司的员工宿舍环境不好，一个宿舍里住十几个人，十分拥挤。

另有 9% 的员工离职是因为觉得没有学习和发展的空间。例如，公司不安排员工培训，也不给员工提供晋升的机会，员工看不到未来。

还有 9% 的员工离职是个人原因，如家庭原因、身体原因等；有 5% 的员工离职是因为职业发展方向发生变化，不想从事餐饮行业了。

通过这些数据可以看出，员工离职的大部分原因都与门店的管理有很大关系。

工作氛围是店长在门店当中可以引导、营造的，店长可以带领所有员工向表现好的员工学习，也可以带领员工相互帮助、相互团结。对于管理制度层面的不公平，店长应公平公正地执行相关的制度、奖罚措施并且耐心地进行沟通和解释。对于薪资层面的不公平，店长要展现的是说服力，不具备说服力是无法维持门店的公平性的。对于吃住条件差的情况，店长要在控制成本的基础上予以优化，但不能从员工的身上"抠"成本，店长可以想办法提高毛利率，改善员工的吃住条件。

店长级以上人员的发展是店长决定不了的，而能不能让领班有机会升主管，让主管有机会升经理这些是店长能掌控的。如果店长不能满足下属的晋升需求，即使其他待遇都很好，也难免会留不住员工。

对于人员招聘，店长要做好以下几方面工作。

人员招聘广告的编写

公司在编写人员招聘广告时需要考虑四个方面的内容，即招聘什么样的人员、工资是多少、要做哪些工作、享受什么福利。

（1）招聘什么样的人员？招聘岗位一定要清晰，只聚焦 2~4 个岗位就够了，一目了然。有些公司在招聘广告上面列了十几个招聘岗位，而哪些是最缺人的岗位连招聘人员自己都不清楚。所以招聘岗位不用那么多，只招聘人员最紧缺的岗位，并写清楚具体的要求和条件即可。

（2）工资是多少？招聘广告中的工资内容涉及公司的薪酬架构，一些公司不在招聘广告中明确工资结构或者只写工资为 2800~4500 元，这是否可行呢？很多人可能会认为其工资就是最低的 2800 元。公司应明确工资结构如"底薪加补助加津贴加提成加全勤奖等"，然后将具体计算方法全部列清楚。

（3）要做哪些工作？公司应在招聘广告中将岗位职责写清楚。应用一两句话将岗位职责写清楚，写得越复杂越没用，因为别人都知道你要招人，也知道自己能胜任，他们更在乎的是能拿多少工资、能享受什么福利。

（4）享受什么福利？享受福利就是除了薪酬和奖金以外还能获得的其他福利。很多餐厅的招聘广告对福利的描述很少，甚至什么都没写，这是不对的。好的福利更有利于招人，比如有一项福利是每天晚上加班到 20:00 以后的员工可以享受一顿夜宵。公司给出的福利最好是特有的福利，是其他餐厅没有的，这样才会更有吸引力。

我们来看一个麦当劳的招聘案例。麦当劳准备招聘四个岗位的人员，即见习经理、餐厅员工、咖啡师和品牌大师。对于这些岗位，麦当劳的职责描述非常简单，比如针对见习经理写的是"万能掌柜，满意大家，神机妙算，无所不能"，这个职责描述让人觉得很有意思。这个招聘海报写得非常干脆、简练，很有特点。

另外，麦当劳在招聘广告中给出了员工的晋升发展通道，比如餐厅员工可晋升为餐厅管理组再晋升为中层管理者然后晋升为更高的职位，让大家看到在麦当劳工作是有发展空间的，这样会增加大家的兴趣。麦当劳在招聘广告中还写了很多的福利待遇，比如提供世界 500 强企业的培训机会、提供节假日的关怀、提供各种外勤活动、提供各种技术奖金、提供年底双薪、提供五险一金等。这些福利待遇及晋升发展通道是麦当劳的优势，这些是绝大部分企业比不了的，但是麦当劳的招聘海报上面没有写工资待遇，这是为什么呢？其实很简单，因为工资待遇不是麦当劳的优势。因此，在编写招聘广告时，各公司应重点介绍自己的优势，扬长避短。

人员招聘的渠道

我们做过一项市场调查，发现在大部分餐厅中，33% 的员工是由其他员工介绍来的，23% 的员工是通过门店招聘广告招进来的，22% 的员工是通过网络招聘进来的，15% 的员工是通过猎头渠道"挖"来的，剩下的部分是由劳务合作、招聘公司等招聘的。通过员工介绍、门店广告、网络招聘渠道招到的员工占比 78%，其中，员工介绍占整个招聘来源的三分之一。员工介绍的好处是有利于餐厅的稳定，因为只有员工认可这个门店和企业他才会介绍人进来。员工介绍进来的人，可能是其亲戚、朋友、前同事、老乡等，其黏性会更强，他们天天在一起工作，会互相帮助。介绍人也会有负责任的心态，会更用心地帮助介绍来的人成长，更用心地帮助他把事情做好。对于如何引导员工介绍人员，其实很简单，即利益捆绑。对于介绍其他人来公司工作的员工要有金钱奖励，而且做出承诺后就不要出尔反尔，要尽快兑现。公司还可以对介绍人和被介绍进来的人都给予金钱奖励，以增强吸引力，比如奖励介绍人200元，奖励被介绍人100元。如果被介绍进来的新人通过努力提升了职位，此时可以再奖励介绍人100元。

面试六步法

在面试应聘者时，招聘人员需要采取以下六个步骤。

第一步，倒杯水。面对来面试的应聘者，招聘人员的第一件事应该给对方倒杯水，应聘者通常会比较紧张，给他倒杯水会缓解其紧张情绪，同时也表达了企业对应聘者的关怀，可以获得应聘者的好感。

第二步，填张表。面试开始后，招聘人员应先让应聘者填写"面试登记表"，让其把个人信息、工作经历都写清楚，不留空白。

第三步，说经历。填好表之后，应让应聘者做一个自我介绍，说一说之前的工作经历及个人家庭情况。

第四步，问职责。针对应聘者以往的工作岗位、具体负责的工作，也就是他的岗位职责进行询问，判断他的经验和能力。

第五步，问流程。针对应聘者应聘的工作岗位当中的某一项工作，让他具体说说工作流程，在什么时间用什么样的工具完成什么样的工作。比如他是个领班，早上要给大家开例会，询问怎么开例会，例会的流程是什么，都做了什么事情。

第六步，谈待遇。向对方介绍本公司的薪资待遇、奖金福利、发展前景，约定上班时间，明确办理人事手续的时间及需要哪些证件资料。

在面试时，招聘人员可以使用"面试评估表"（如表2-1所示），该表用于对应聘者进行客观的评估和记录，是非常重要的一张工具表。招聘人员应按照自己的体会来填写这张表。

表 2-1　面试评估表

应聘人：　　　　应聘岗位/职位：　　　　面试人：　　　　填表时间：　　年　月　日

联系方式		前来面试的交通工具	□步行　□骑车　□公交　□地铁　□开车 □其他				

观察或提问以下问题		参考评估标准	特	优	良	中	差
形象评估 （观察项目）	1. 穿着是否得体（包括帽子、围巾）	衣着整洁、无污渍、无破损	5	4	3	2	1
	2. 鞋子是否得体	鞋子大小合适，看起来干净	5	4	3	2	1
	3. 手部和面部是否干净	手部无污渍伤痕，面部干净整洁	5	4	3	2	1
	此项记录：		此条汇总得分				
态度与真诚评估 （观察提问）	1. 面试时是否集中精神，不走神	无手机响起，不东张西望	5	4	3	2	1
	2. 询问什么原因离职，离职前工资多少	多刨根问底，看是否真诚回答	5	4	3	2	1
	此项记录：		此条汇总得分				
表达评估 （提问项目）	1. 先做一个自我介绍	姓名、年龄、来自哪里、家庭状况等	5	4	3	2	1
	2. 介绍一下过去的工作经历	哪年到哪年，在哪个单位，担任什么职务	5	4	3	2	1
	3. 介绍一下自己的兴趣爱好或者特长	比如喜爱什么，拿过什么奖	5	4	3	2	1
	此项记录：		此条汇总得分				
经验与能力评估 （提问项目）	1. 介绍一下过去担任×职位的工作职责	目的是审核他是否做过该职位	5	4	3	2	1
	2. 描述一下过去在××企业里的工作，让其学到了什么，掌握了什么	检查他的学习意识和总结能力，以及对自我能力的评估	5	4	3	2	1

（续表）

观察或提问以下问题		参考评估标准	特	优	良	中	差
经验与能力评估（提问项目）	3. 在过去的职责当中，有这么一条，其是怎么做的	询问职责当中的具体工作流程和标准，检查其是否做过，以及熟练度情况	5	4	3	2	1
	4. 请问如果在工作期间遇到了××的问题，其会怎样解决	对突发事件，如服务期间顾客投诉的解决能力和意识，评估他的真实水平	5	4	3	2	1
	此项记录：		此条汇总得分				
个人发展评估	1. 其未来想干什么？对自己有没有规划	试探其对未来的打算，判断是否会持久工作	5	4	3	2	1
	2. 如果公司的发展很好，其会考虑长期发展吗	试探是否愿意在公司持久工作	5	4	3	2	1
	此项记录：		此条汇总得分				
期望工资：＿＿＿＿元，预计上岗日期：		得分（42分以下不予录用）					
面试人意见	□可聘用　□不可聘用　□可复试　□待定备选						
面试人签字	面试时间						

课后作业

按照本节所介绍的内容，用 Word 完成一份门店的人员招聘简章；完成一份"面试评估表"，写清楚面试时你的判断和评估。

第二节 人事流程的办理：
入职、考勤、假期、奖罚、离职

门店的人事工作包括什么

门店的人事工作通常包括以下内容。

（1）招聘和面试。进行人事管理，首先要有人，即要把人招进来，而要把人招进来，就要对其进行面试。

（2）入职手续。招聘和面试之后就要办理入职手续，此时新员工需要提交相应的资料，以确认他在公司有合法的工作权利。

（3）入职培训。对于所有新员工，门店应安排其进行一次相关培训，让新员工能更好、更快地融入团队。

（4）发放工装和办理健康证。对于新员工，门店应为其发放工装，并协助其办理健康证。

（5）转正手续。新员工实习结束，并通过考核后，门店需要为其办理必要的手续来确认其成为公司的正式员工。

（6）考勤工资。门店需要对新员工进行考勤管理，并根据其考勤记录确定其工资。

（7）假期管理。在门店上班期间，新员工享有的假期及假期的安排都属于假期管理的范围。

（8）奖罚。奖罚制度是任何一家门店都少不了的制度，对工作业绩优秀的员工要进行奖励，对工作中出现问题的员工要进行处罚。

（9）宿舍管理。门店应对员工宿舍进行相关管理。

（10）晋升。从员工升为组长，再从组长升为领班，这个过程是要按照规定来进行申报和办理的。

（11）团建活动。门店要定期开展一些团队建设活动。

（12）离职。员工选择离开门店的时候，需要办理离职手续。

在这些人事工作当中，最重要的五项人事工作是入职培训、假期管理、考勤工资、奖罚和离职，因为这五个环节与人事劳动风险有关，是一个职业餐饮店长必须做好的基础工作。

人事的五个关键流程工作方法

第一项是入职管理。

新员工入职时，门店必须为其办理入职手续，这是员工进入门店工作的确认步骤。《中华人民共和国劳动法》明确规定，必须给员工办理相关的入职手续以确认他是公司合法的员工。此时，门店需要用到"入职登记表"，表中的每一项内容都必须登记清楚，以对新入职员工有一个全面的了解；然后是签订《保密协议》，在公司工作期间，员工应对公司资料、数据信息等予以保密，不得对外泄露。

任何门店都应与新员工签订劳动合同，劳动合同是对双方的保护，如果不与新员工签订劳动合同，就有可能引起比较大的麻烦。劳动合同模板可以在当地劳动局的官网上下载。

新入职人员要上交身份证或户口本的复印件，以及健康证的原件，门店应对这些证件进行保存。

员工入职应完成以下四步工作。

第一步是填表，即填写上面说到的工具表。

第二步是提交资料，如身份证复印件、健康证等。门店应该有一个人事档案文件夹，将所有的人事资料都放在里面。

第三步是店长介绍餐厅环境。店长可以带着新员工在餐厅走一圈，同时向新员工介绍同事，因为这样可以有效增强店长与新员工之间的亲密关系、信任度，以及新员工对这个门店的好感。

第四步是组织入职培训。入职培训是非常重要的一项人事工作。入职培训主要是为了加强新员工对门店和这家公司的了解，使其产生归属感。

入职培训的第一项是介绍公司的具体情况和企业文化，如公司的使命、愿景、价值观、口号等。

入职培训的第二项是介绍公司人事管理制度，如考勤制度、奖惩制度、晋升考核制度、培训制度等，从而让新员工对公司人事管理制度有所了解，产生黏性。

入职培训的第三项是介绍岗位手册。岗位手册是岗位的基础操作手册，是新员工必须要掌握的。

第二项是考勤管理。 对于考勤和工资，店长也有很多需要做的事情。

（1）确认员工每天上班的时间，并做出整个月的考勤记录，在这个过程中要用到"考勤表"。考勤记录一般有电子版的或手工填写的，也可以通过指纹、面部扫描等记录。

（2）填写工资表。工资表涉及工资、奖罚、提成等内容，还可附加"请假单""奖罚单"等。

考勤和工资管理的流程如下。

（1）录入考勤信息。

（2）制定打卡规则，并提醒员工每天打卡。

（3）于每个月的月初汇总所有人员的考勤资料，填写"考勤表"，整理好"请假单""奖罚单"等，然后计算工资。工资表一般由公司相关部门做，但是大型连锁企业通常都由门店做，因为门店做完工资表以后，对员工的工资情况会有一个比较整体的认知，以便与员工进行交流和沟通。在做考勤和计算工资的时候，最好使用电子考勤方式。考勤管理必须包括上班卡、下班卡、迟到、早退处理、旷工处理、漏打卡处理等内容，并提供一些免罚款的机会。计算工资时，如果有当月的"请假单""奖罚单"等需要一并使用。相关人员在做好工资表以后，要将其发给公司人力资源部和财务部审核，人力资源部审核计算过程，财务部审核数据的真实性，审核通过后，一定要下发店长，由店长与员工进行核对，核对无误后与财务部再次确认，最后由财务部安排发放工资。如果店长与员工核对有误，则需要进行调整，直到确认无误后再发放工资，这个方法适用于有五家门店以上的餐饮企业。

有些餐厅漏掉了店长与员工进行核对这一步，就直接发放工资了，这样做风险很大。发工资本来是件开心的事，但有时会变得很不开心。如果工资发下去，员工发现工资不对，这时财务部和人力资源部的回答是"下个月再调吧"，这样做是不合理的。那么最佳的方法是什么？是人力资源部和财务部将工资表审核通过后交由店长和员工再核对一遍，有疑问的地方提前解释清楚，而不是发了工资有疑问再去解释。财务部应在发放工资或安排银行转账的同时把工资条发放给店长，店长要让员工进行签字确认。

第三项是假期管理。假期管理是为员工安排每个月的休假，调整假期方面的工作。考勤和工资管理以及假期管理涉及员工的切身利益，店长必须要重视起来，此时需要用到"排班表"和"请假单"（如表2-2所示）两张工具表。"排班表"在后面会讲解。"请假单"是请假时需要填写的单据。休假要提前申请，比如休年假，要提前一个月或15天，事假可能要提前一周或两天，所有休假都要填写"请假单"。员工拥有休假的权利。法定假期通常是11天，春节有三天，国庆节三天，劳动节、清明节、中秋节、端午节、元旦各有一天。在法定节假日，各门店应当依法安排劳动者休假。最后就是年假，是指员工工作满一年以上应享有的假期，年假通常为 5~15 天。这些基本假期是员工应该享有的，如果法定假期要上班一般要发放三倍薪资或通过补休的方式来进行调整。员工拥有请假的权利，包括病假和事假，但是假期的长度和审批的权限要按公司的规定执行。应区分不同的审批权力，如店长能批准几天事假、几天病假，经理能批准几天事假、几天病假，将其在制度当中规定清楚。员工拥有休婚假、丧假、产假和工伤假的基本权利，但也要视公司的规定来执行。餐饮行业毕竟是一个反休息制的行业，通常工作日没那么忙，周末很忙，平时没那么忙，节假日很忙，再加上平时工作时间又比较长，而且具有一定的危险性，所以必须要根据餐饮行业的独特性来制定相关的假期规定。

表 2-2　员工请假单

请假人		岗位 / 职位	
请假类型	□事假　□病假　□工伤假　□婚假　□产假　□丧假　□年假　□法定假 □调休		
请假时间	自___月___日___时到___月___日___时，共___天___小时。		
请假原因描述			
声明：本人在请假期间，所发生的一切意外，都由自己负责，特此声明！ 请假期间的紧急联系人：　　　　　与我的关系：　　　　　联系电话： 　　　员工签字：＿＿＿＿＿＿＿　　　填写日期：＿＿＿＿＿＿＿			
□同意　　　　□不同意		餐厅负责人签字：	
填表说明： 1. 门店店长级别人员只有权利批准不超过 5 天的请假申请，5 天的假期每月批准人数不超过 1 人； 2. 5 天以内的请假申请，每月批准人数不超过 3 人； 3. 门店主管级（含）以上级别人员有权利批准假期的天数为 1~3 天，必须上报店长且经过同意，方可批准； 4. 店长为相关人员请假后造成的全部问题的最终负责人。			

第四项是奖罚管理。员工因为表现出色而受到奖励或因为犯错而受到处罚，需根据公司规定来办理相关的奖罚手续，这就是奖罚。奖罚所用到的工具表是"奖罚单"和"员工手册"，"奖罚单"是做出奖励或处罚的单据，"员工手册"是员工应该遵守的规章制度。奖罚的处理流程首先要确认事实，即犯了什么错及表现如何。其次要确认"员工手册"当中有没有相关的规定。再次要做出奖罚的决定，并且填写"奖罚单"。最后如果这个奖罚需要公开，要酌情在店内进行公示。奖罚工作的注意事项是三家店以上的企业必须要有"员工手册"，要放在店里，所有员工都可以翻阅。如果要依据"员工手册"对门店全体员工，包括店长进行约束和管理，就必须要所有人签字，所以新员工在入职时就应该在"员工手册"上签字，这非常重要。"员工手册"对门店的全部员工都有约束力，包括店长、区域经理、营运经理等。"奖罚单"中的奖励或者处罚的金额不宜过高，给大家一个参考，就是不要超过员工工资的1/3，如果一个月工资3100元，一张罚款单就扣掉2000元，这种处罚明显是不合规矩的，甚至是不合法的。另外，"奖罚单"一定要有员工的签字。

第五项是离职管理。员工在离职时需要办理离职手续。一般来说，正式员工离职应至少提前一个月申请，填写"离职申请表"，实习期内工作不足一个月的员工，需提前7天申请。申请以后还要填写"离职登记表"，明确需要交接的工作、工具、资料等。而"离职面谈表"（如表2-3所示）通常是店长或人力资源部使用的工具表，用于与离职人员进行面谈，明确其离职的原因。然后是签订"劳动关系解除确认书"，自签订这份确认书开始，双方的劳动关系就解除了。另外，离职薪资也要明确，这时就要用到"离职薪资确认书"。总体来说，流程很简单：离职员工在门店填写"离职申请表"和"离职登记表"；店长在和离职员工面谈的时候填写"离职面谈表"；离职员工拿着"离职申请表""离职登记表"和"离职面谈表"到公司办理离职手续；公司人力资源部可以与该员工再做一次面谈。人力资源部要完成"劳动关系解除确认书"和"离职薪资确认书"的签字流程。

表 2-3　离职面谈表

面谈人：　　　　　　　　　　　　　　　　　　面谈日期：＿＿＿年＿月＿日

离职人姓名		离职岗位／职位		入职日期		离职日期	
请选择离职原因，并具体描述原因							
□个人原因	□身体问题	具体描述身体问题					
	□家庭问题	具体描述家庭问题					
	□能力问题	哪种能力有问题					
	□追求问题	是否要换行，想换什么行业？为什么					
□公司原因	□不认同、不适应制度和文化	哪里不认同、不适应					
	□对上级不满	对哪方面不满					
	□跟同事不融洽	跟同事发生了什么摩擦					
	□对工资不满	对工资哪里不满					
	□对福利待遇不满	对什么福利和待遇不满					
	□对工作内容和时间不满	具体描述					
	□对晋升发展不满	具体描述					
	□其他	请描述其他原因					
□社会原因	□跳槽	哪家公司给了什么待遇和条件					
	□创业原因	自己想去干什么					
	□回校读书	去哪、学习什么、学多久					
	□交通不便	了解通勤路线及具体的困难					

（续表）

离职人姓名		离职岗位 / 职位		入职 日期		离职 日期	
请给出你对门店、公司的其他建议：							
被面谈人				面谈时间			

表格说明：

1. 此表格必须为主管（含）级别以上人员使用；

2. 填表时须一对一做认真、细致和真诚的沟通，可当面填表；

3. 争取在沟通时，问清楚具体的离职原因，以及对公司的期望、建议；

4. 如果正面写不下，就写在背面；

5. 一个人可以有多个离职原因，都可以勾选，但是对于最主要的离职原因，需要标注一下"主要"；

6. 需要在一个月内将此表连同"离职登记表"一起上交公司人力资源部 / 人事部存档。

　　离职管理的注意事项一是员工主动离职和辞退都应该按照上面的规定流程来执行，除非公司和个人达成了一致的意见，否则应该提前一个月办理相关的离职手续。离职管理的注意事项二是对于不辞而别的自动离职（满足了连续旷工三天而自动离职的条件），在"员工手册"当中要写清楚。但是，店长依然应该将工资发放给自动离职的员工，如果没有进行银行卡转账，也应该为他保留一段时间，保留半年或一年都是可以的，因为员工的劳动成果是不可以被抹除的，所以应当给他保留这份工资，这也可以规避可能会发生的劳动纠纷。离职管理的注意事项三是对于不辞而别的员工，符合上述离职条件以后，公司要按"入职登记表"留下来的地址，邮寄一份通知，通知该员工已符合自动离职条件，工资已经打到他的卡上。这适用于有三家以上门店的餐饮企业，更适用于连锁企业，它会有效规避劳动风险。离职管理的注意事项四是一定要做面谈。面谈是为了充分了解员工离职的原因，面谈应该怎么做呢？第一，找一个安静的角落或房间；第二，给对方倒一杯水；第三，聊一聊离职的原因；第四，一定要刨根问底；第五，不接受表面说法。

课后作业

作业一：请找出门店现在在办理入职和离职手续时存在的问题，并且编写一份入职手续的办理流程和离职手续的办理流程。

作业二：使用"离职面谈表"，与已经提出离职的人员进行一次深入的面谈和沟通，并将相关内容记录下来。

第三节 团队凝聚力建设：员工的日常关怀、矛盾化解、团建活动组织

什么是团队凝聚力

建设团队最终的目的是提升团队的凝聚力、战斗力。站在餐厅的角度来说，团队凝聚力主要体现在以下方面。

第一个是伙伴之间的关系。团队伙伴之间团结互助、友爱关怀，这就是团队凝聚力的表现。

第二个是不计较自己的得失。任何一家餐厅每天都很忙，员工都比较辛苦，此时员工不计较个人得失，多做一点、累一点没有关系，这是一种精神，是团队凝聚力的表现。店长应发挥带头作用，用行动感染身边的人，成为团队凝聚力方面的榜样。

第三个是把门店当家，把店长当家长，把同事当家人。这是团队凝聚

力的一种表现。把门店当家就是拥有主人翁意识，用心经营、维护门店。把店长当家长就是员工有什么问题都愿意跟店长说，经常找店长汇报、沟通工作情况和动态。把同事当家人就是员工之间相处融洽、互帮互助。

第四个是自愿、自发地为门店着想。大家看到门店缺人，都赶紧想办法帮门店招人；看到卫生没做好，都想赶紧收拾干净；看到生意不好，每个人都会发愁，都会想方设法做得更好，把客人留下来。当大家自愿、自发地为门店着想的时候，团队的凝聚力就会更强。

以上是团队凝聚力的四种表现，如果做到了这四点，门店的团队凝聚力就会更加强大。如此一来，离职率一定会大大降低，因为大家都舍不得离开团队。在海底捞工作一年以上的员工离开时，所在门店会为其举办欢送仪式，这让所有员工都很感动。海底捞门店的离职率在 10% 以内，这是很低的了，当前很多餐饮企业的离职率普遍在 25% 以上，这就是团队凝聚力差异的体现。

如果团队具有凝聚力，那么工作效率会大大提高。因为留下来的都是老员工，工作熟练度高。这个时候店长依然要加强对门店的管控，虽然都是老员工，但一样要有奖励、有处罚、有考核、有追踪。效率的提高，标志着门店能用更少的人力完成更多的工作。人效就是员工的工作效率，通常是指日人效，用当日营业额除以当日全勤出勤人数来衡量。如果平均一个人一天的产值（营业额）在 3 万元以上，那么人效就很高了。这里说的人效标准不包含纯外卖门店或者外卖占比在 50% 以上的门店，也不包含那些外带档口式门店。

如果团队具有凝聚力，还会使顾客满意度得到提升。一家门店一天可能会接待几百位顾客，如果没有员工，仅仅两三个管理者是不能满足顾客的所有需求的。要让顾客满意，就要先让员工满意，员工不满意，他们又怎么可能让顾客满意呢？员工整天心情不好或整天闹矛盾，会使他们在服务顾客的时候与顾客产生摩擦，所以团队凝聚力的提升也意味着顾客满意度的提升。

如果团队具有凝聚力，门店的生意一定会明显变好。顾客满意度上升意味着会有良好的口碑传播，有了好口碑，新顾客就会慕名而来，顾客的回头率就会提高，门店的生意就会越来越好。

提升团队凝聚力直接带来的成本上的好处就是效率更高、离职率更低，而间接带来的好处是更多的顾客和更高的营业额。提升团队的凝聚力和战斗力是为了公司着想，反过来，生意变好，是不是应该让团队凝聚力更强、更稳定呢？答案是肯定的。一是可以通过提高员工的奖金和工资，在收入上让员工得到满足，使员工明白公司生意好，大家同样会好，所以提高员工的奖金和工资是非常重要的。公司通常可以拿出收入的5%~10%用作奖金。有了奖金，员工也会有更强的工作动力，从而更愿意团结和凝聚在一起，为公司的生意持续变好而努力。二是可以提高员工吃住等方面的福利。团队凝聚力提升了，生意越来越好了，此时公司应拿出一些利润改善员工的吃住水平。通常福利支出应为工资支出的1%~2%。

福利支出如投入一两千元改善大家的伙食，给大家多发点日用品，如牙刷、沐浴露或拖鞋，或者发一些零食、小礼物，或者组织大家一起去唱歌聚餐。千万要记住，提升团队凝聚力不是靠"店长"许诺来的，而是靠店长带领团队用各种各样的付出换来的，但最后一定要落实到员工的收入和福利上，让员工切实地感受到公司较好的福利待遇。

对团队伙伴的关怀

对团队伙伴的关怀是团队凝聚力的一种表现，关怀团队伙伴应从以下七方面展开。

第一个是新员工入职第一个月。新员工入职的第一个月特别重要，店长应让新员工快速融入门店，主动接受新员工，消除其担心和害怕的心理，让其感受到门店的温暖。店长应亲自带领新员工在门店里面转一圈，介绍门店的环境，吃饭的时候给新员工打第一碗饭，例会的时候让新员工与每个人握一下手或拥抱一下，以加强大家的熟悉程度。调查显示，新员工入职第一个月的流失率非常高，在30%以上，所以店长应在新员工入职第一个月给予其更多的关怀。

第二个是员工餐。有很多餐厅只有午餐和晚餐两个时段的工作餐。其实餐厅可以为员工提供早餐；针对晚上值班的，可以为其安排夜宵餐。员工餐不但要确保员工吃饱，还要吃好，不要用"边角料"食材做员工餐或者天天只炖一锅菜。很多餐厅的员工餐都是在应付，甚至搞得员工去外面花钱吃饭，对餐厅没有一点好感。让员工吃饱、吃好是对员工最基本的关怀。比如海底捞就会有专人做员工餐，每一顿饭保证有4~6个菜，两个汤，有荤有素、有辣有不辣，并且给员工盛装好，以保证员工吃得开心。即使做不到海底捞这个标准，也应该每天保证有菜有汤甚至有水果，员工吃好了，员工的精神状态才会更饱满，工作起来才更有劲头。

第三个是员工宿舍。为员工提供宿舍的目的是让员工住得舒适。过去很多餐厅都会安排员工住在地下室，居住环境阴暗潮湿，这么做是不对的，宿舍就是员工的家，干净整洁和物品齐全是每一个人对家的基本需求。但要求员工在劳累了一天后还要花精力维持宿舍的干净整洁，还是有点难的，所以宿舍的干净整洁就需要店长贴心地安排维护和检查。最好的方法就是安排一个清洁人员，由其每天为员工收拾一次宿舍。员工一回到宿舍，看到干净整洁的环境，会在无形中加深对门店的归属感，所以把宿舍管理好非常重要。

第四个是工作服。 为员工提供工作服的目的是让员工穿得干净体面，原因很简单，每一位员工都希望自己穿着干净整洁的工作服工作。干净整洁的工作服也能提升企业的形象。有很多优秀的企业，如西贝、海底捞、肯德基、麦当劳等，其员工的工作服看起来干净整洁。要想保持员工工作服的干净整洁，店长需要采取一定的管理方法，比如为每位员工准备三套工作服，提升工作服的质量，督促员工勤洗勤换，甚至还要熨烫等。对于工作服的清洗、熨烫等，店长可以安排宿舍清洁人员在清扫完宿舍后执行。

第五个是娱乐活动。 为员工提供娱乐活动的目的是让员工在工作之余放松心情。要玩就要玩得开开心心，让员工的工作压力得以释放，不要带着任务去玩，这样员工在娱乐之后就能以愉快的心情投入后续的工作。店长可以安排员工出去唱歌、爬山、划船等，这些内容后面还会具体介绍。

第六个是学习笔记。 为员工提供学习笔记的目的是让员工能学到真东西。每个人都需要成长，而能够见证自己成长的不只是自己的身高、年龄，还包括记得满满的学习笔记。店长可以在新员工入职的时候给新员工一个笔记本，让新员工将工作、培训中学到的东西记下来，如酒水知识、服务知识、餐饮经验和管理知识等。

第七个是家庭生活。 店长应关心员工的家庭生活，让员工在工作中没有后顾之忧。店长应该经常与员工沟通，了解员工的家庭情况，让员工知道你在关心他，从而常怀感恩之心。店长有时间可以和员工的家人通个电话，关心一下员工家人的身体情况，并告知该员工在这里工作很开心，表现很好，并且获得了公司的奖励；也可以跟员工的父母加个微信，把员工工作的照片发给其父母看一看，让他们放心。店长对员工家庭的关心、关怀对公司的发展至关重要。

团队内部矛盾的化解

再好的团队也会有内部矛盾，也需要化解。团队内部矛盾通常有以下几种。

（1）新员工与老员工之间的矛盾。新员工入职后，老员工排挤新员工，这样彼此之间就会产生矛盾。这种矛盾的处理方式是，首先安排老员工带领和指导新员工工作，其次要加强与新员工、老员工以及他们之间的交流，店长可以与新员工和老员工一起沟通、交流，也可以分开交流，以加强他们之间的熟悉程度，这是很有必要的。

（2）因利益分配而产生的矛盾。在分配利益不公平时，难免会产生各种矛盾。店长一定要确保分配制度的公平性，在进行分配时也要做到公平与公正。店长可以在制定分配制度后让员工签字确认，然后按照分配制度公平地分配。

（3）因人员选拔晋升而产生的矛盾。在人员选拔晋升过程中，若店长做不到透明化操作，落选的员工就会觉得选拔过程存在暗箱操作的情况，所以选拔制度必须公平，选拔的过程也必须公平。

（4）因请假或受到处罚而产生的矛盾。如果员工请假公司不同意，员工可能就会有意见；公司处罚员工时，员工心里可能会不舒服。此时，店长就要动之以情，晓之以理，必要时店长可以多一些付出，比如员工受到处罚时与员工一起分担，或者在员工请假时多放一天假给他。

（5）因工作量分配不均而产生的矛盾。有时员工可能会计较谁干得多，谁干得少。分配工作时一定要公平，如果做不到分配公平，就一定要做出相应的解释。例如，当店长给某个员工分配很多工作时，要向该员工表示这是对他的考查，也是对他的期望，如果能做好，有可能会提拔他，并且应给他一定的奖励，激励他将工作做得更出色。

（6）前厅与厨房工作配合的矛盾。这个矛盾在很多餐厅中都会出现。对于前厅与厨房的配合，应先制定配合规则，例如，如果出现问题应该向谁汇报，顾客投诉菜品问题时该怎么处理，菜品出菜慢该如何处理等，把这些问题一一列出来，明确相关人员的责任和处理方法，然后让当事人签字确认并严格执行。将问题都规定清楚，大家都认可，并且照着去做了，这些问题就会越来越少。

团队建设活动的组织和方法

任何一家企业都要组织团队建设（团建）活动，那么在组织团建活动的时候要做哪些事情呢？

第一步，做计划。通常应提前一个月或一个季度做员工团建计划，做好计划后要提前张贴出来，让员工知道团建的时间和地点，让员工有强烈的期待感。

第二步，做预算。每次团建之前都要做预算，团建预算的制作原则是在确保员工玩得尽兴之余，能省则省。举个例子，其门店决定组织骨干员工、优秀员工及管理者分成三批去爬山，那么就要先分组，分好组后还要确定几点集合、在哪里集合、门票由谁来买、要不要带吃的、爬山的时候爬到哪里、组织什么游戏、要注意什么环节等，这些都要在预算当中做好。

第三步，组织实施。团建活动一定要安全第一，还要玩得尽兴。比如每组选一个组长，组长应带好自己的小组，来回清点人员，同时要使用电话和微信保持联系，确认每个人都安全到家。

第四步，总结。团建活动结束后一周内，一定要总结此次团建的组织费用是否合理，中间是否出现问题，该如何规避，包括谁受了伤，以后是不是要带着药箱，大家玩得是否开心，这些都要总结。

对于团建，可以组织的具体活动包括以下几种。

（1）团队聚餐。建议两三个月组织一次，不要每个月一次，太过频繁会让员工对聚餐失去期待。可以安排在门店内聚餐，这样费用开支少；也可以安排在门店外聚餐，这样在团建的同时也可以学习和考察其他餐厅。

（2）KTV。同样建议两三个月组织一次，不要太过频繁。

（3）外出爬山。建议三个月左右组织一次，在往返途中和爬山时一定要注意安全，不能追打，不能随意破坏花草，这是基本的社会公德。

（4）游湖划船。建议三四个月组织一次，在划船时一定要注意安全，防止掉入水中。

（5）公园赏景。城市公园很多是免费的，有很多人根本就没去过，所以店长可以两三个月组织一次游园活动。

（6）参观景点。各地都有特有的景点，比如武汉的黄鹤楼，上海的南京路、夫子庙，北京的南锣鼓巷、长城等，建议两三个月组织一次。参观景点前要做好费用预算。

（7）团队游戏。建议一个月组织一次，可以在店内开展，也可以在团建的路上开展。

（8）趣味运动。建议一个月组织一次或两个月组织一次，可以在店内或员工大会上开展，但是一定要注意，禁止赌博、酗酒、打架闹事、夜不归宿，这是纪律问题，一旦触犯了要严惩，情节严重的要移交司法机关处理。

店长在安排一个季度的团建活动时，可以安排去KTV一次，爬山一次，公园游玩一次，趣味游戏一次，这样员工会觉得门店的娱乐生活十分丰富，对门店产生归属感，并能够提升团队成员之间的默契程度。在每次团建活动中，店长都可以买一些奖品或设置一些奖励，这样每个员工都会积极参加，员工间的感情会更加密切，团队之间的活跃程度、工作积极性、凝聚力也会得到提升。

课后作业

作业一：按照本节所讲的知识，请用 Word 制定一个在店内可以执行的"新员工首月关怀方案"。

作业二：按照本节所讲的知识，请用 Word 制定月度或季度团建计划。

第三章

运营管理：

维持门店
高效运营的方法

第一节　店长该怎样上班

值班管理

店长将每天的工作安排妥当是保证门店高效运转的基础。店长应该有自己的工作安排，确保在规定的时间完成规定的事情，而不是到了门店要干什么都不知道，全靠临时起意。

要维持门店的正常运转，店长首先要进行值班管理。所谓值班，就是对这个班次负责，谁值班谁负责，可能同一时间早中晚班三个班次的人都在，一般是哪个班次先来，哪个班次就是值班负责人。值班负责人要承担值班期间整个门店正常、高效运转的责任，因此，任何人，尤其是店长和厨师长，应该按照规定好的时间完成规定的工作。

有些店长由于本身不够专业，也没有受过相关培训，值班工作安排都是靠一时兴起，从而导致门店中经常出现经营混乱的情况。要想做好值班管理，店长首先要准时上班，你都不能准时上班，又怎么能确保员工都按照标准工作呢，这样很难不出现问题。店长应以身作则，每天准时上班，这样才有理由去处罚和评价员工。另外，店长不能只上早班、中班或晚班中的一个班次，必须轮流在三个班次中值班，这样才能掌控每个班次的工作，保证门店的正常、高效运转。

早班通常是准备原材料的时间，高峰期之前是准备半成品的时间。如果没有及时备好货，在该出品的时候还在备货，什么都没准备到位，那还需要店长干什么呢？店长应随时检查员工的备货情况，这是店长值班的重点工作之一。

在值班时，店长还要检查门店的卫生情况；是否将顾客等位时坐的凳子整齐地摆在门口，若下过雨，还要检查凳子上是否有水渍；柜子里的餐具是否备全并干净整洁；洗手间是否清洁无异味。若店长哪都不检查，员工就一定会做得乱七八糟，这样的值班就很失败，无法保证门店正常运营。

如果晚上八点多了，门口的招牌灯还没有开；有预约的客人马上就进餐厅了，包间的空调还没有打开；都已经开餐了，宣传电视还没有开，那么这家餐厅的店长就是不合格的。

今天门店要完成多少业绩，你知道吗？对于今天要完成多少业绩都没概念，这也是典型的"不会上班"。如果店长对每天的营业目标都不清楚，那么工作起来就完全没有方向。店长必须保障门店能够达成每天的业绩指标。例如，今天预计实现 20000 元的营收目标，中午预计实现 8000 元，晚上预计实现 12000 元，但中午的 8000 元怎么实现呢？ A 区实现 4000 元，B 区实现 2000 元，C 区实现 2000 元，店长应做一个大概的分配，让员工身上都有业绩任务。

员工今天的工作效率高不高你知道吗？有些员工的点菜服务不好你知道吗？有些员工打扫卫生不仔细你知道吗？如果这些店长都不知道，那么怎么保证门店的正常运营呢？

当班一天，顾客都满意而归了吗？店长的工作就是为了让顾客满意，顾客满意了才有复购率，才会介绍新顾客。店长应与顾客交流，每天向七八桌顾客询问其满意度，哪怕一天问 5 桌，一个月也有 150 桌。如果知道顾客对餐厅的服务、产品存在什么不满，就可以针对顾客不满意的地方做出更好的调整。如果店长不与顾客沟通、不观察员工工作、不看数据，也不检查，这个店长就是失职的。

店长要保障员工的工作效率，让员工全力以赴地完成工作，还要保证顾客在门店整个就餐过程的满意度，这些就是值班工作的核心内容。

为保证门店全天工作任务的顺利开展，店长需要借助"值班工作时间表"。

表 3-1 是一份简单的"值班工作时间表"示例。任何一家餐厅都有餐前准备时段，一般是 9:20—11:30，有一些餐厅可能会更早，有些可能会更晚，这个时间是参考时间。午高峰时段通常是 11:30—14:00，收市时间一般是在高峰期结束之前，通常是 13:30—14:00。再之后就是午间休息时间 14:00—16:50，此时大部分员工都下班了，只需留 1~2 个人在门店进行备餐、补货和接待顾客等工作。晚餐的餐前准备时间即 14:30—17:30，晚高峰时间为 17:30—21:30。晚高峰的营业额通常会比中午高，因为晚高峰的营业时间比较长，客单价一般也比中午高。再之后就是晚收市时间即 21:30—22:00，再之后就是晚班时间。为什么会有晚班呢？因为餐厅一般在 22:00 以后闭店，但有时 22:00 后顾客还没有走，这个时候需要安排 1~2 个人值班，为这些顾客服务。最后就是闭店的工作。

门店一天划分为四个时段，早上来了先安排早餐，接着开早例会，然后安排员工做区域清洁卫生，店长这时可以做行政工作，填一填表格，做一做数据分析。如果当天实在没有什么工作做，店长可以在店周围溜达一圈，看看其他门店的情况，看看它们都做了哪些活动。9:40—11:00 是店长的行政工作时间，足够员工打扫卫生，店长可以在这个时间段安排一些培训工作。员工在 11:00 左右完成了清洁、准备工作以后，店长要对准备工作的完成情况进行检查。如果发现做得不好的地方，继续安排员工进行整理和清洁，这个时间可以预留出来，大概半个小时左右，这就是餐前检查。11:30—13:30 是午高峰时段，店长应检查各岗位的工作情况，确保相关岗位能高效运作，绝对不能只检查某个岗位。

表3-1　值班工作时间表示例（自检表，每天做到请打√）

店长一天的工作流程，其中涉及餐前准备和检查、餐中服务和检查、餐后收尾和检查、行政工作时等工作内容。

流程项目	值班工作时间	值班管理内容	内容明细	1	2	3	4	5	6	7	8	9	10	11	12	13	14	15	16	17	18	19	20	21	22	23	24	25	26	27	28	29	30	31
1	9:20—9:25	整理仪容仪表	仪容仪表合格																																
2	9:20—9:30	第一次全场检查（目的：检查晚间收市的情况是否良好）	保安区：外围清洁卫生																																
			收银区：清洁归位、机器关闭																																
			服务区：大厅和包间的细节卫生如何																																
			保洁区：洗手间和垃圾桶是否清洁																																
			厨房生产区：卫生收拾完毕																																
			全场能源：电器关闭，水源关闭																																
3	9:30—9:40	晨会＋区域分配安排	员工仪容仪表检查是否合格																																
			昨日预估达成情况汇报																																
			昨日重点问题总结和要求																																
			公司发文通知分享																																
			午市区域分配（卫生和值台）																																
			娱乐时间：快乐一下，领喊企业口号																																

（续表）

店长一天的工作流程，其中涉及餐前准备和检查、餐中服务和检查、餐后收尾和检查、行政工作时间等工作内容。

流程项目	值班工作时间	值班管理内容	内容明细	1	2	3	4	5	6	7	8	9	10	11	12	13	14	15	16	17	18	19	20	21	22	23	24	25	26	27	28	29	30	31
4	9:40—11:00	行政工作时间	营运分析、公关外联工作																																
			培训工作、员工沟通																																
			全场检查维修问题并登记																																
			按计划更新花名册、统计或上交工作																																
			商圈走访和调研																																
5	11:00—11:15	第二次检查 餐前卫生检查（重点检查的项目）	保安区：泊车工具和门前卫生																																
			等位区：呼叫器、预订、卫生、视频																																
			收银区：区域卫生、物品归位、酒水准备、收银工具和系统的就位情况																																
			服务区：大厅和包间的细节卫生、备餐、摆台																																
			保洁区：全场卫生的清洁、洗手间客用物品的充分准备、洗碗间干净																																
			传菜区：基础卫生、料和餐具齐备																																
			传菜部摆放整齐干净																																
			全部人员：在岗、工作状态良好																																

（续表）

店长一天的工作流程，其中涉及餐前准备和检查、餐中服务和检查、餐后收尾和检查、行政工作时间等工作内容。

流程项目	值班工作时间	值班管理内容	内容明细	1	2	3	4	5	6	7	8	9	10	11	12	13	14	15	16	17	18	19	20	21	22	23	24	25	26	27	28	29	30	31
6	11:15—11:30	高峰前站位迎客	餐前准备充分																																
			物料准备齐全																																
7	11:30—13:30	第二次和第四次高峰值班检查（确保各环节配合密切，且追踪工作中的表现）	保安员：车位合理安排，保安不脱岗																																
			领位员：等位合理安排，领位带位有序																																
			点菜推荐：推荐特色菜、营销活动																																
			餐中主动撤换骨碟、桌面垃圾																																
			餐中主动添加酒水、餐巾，提供加热服务																																
			二次推销：见空盘、空杯，空瓶就问																																
			核对菜品是否上齐：及时催菜																																
			结账询问：是否有会员卡																																
			保洁员：及时清洁洗手间																																
			传菜员：传菜及时无堆积																																
			物料干净并及时补充																																
			包间定时巡台																																
			收银员：结账迅速、准确，不慌乱																																

（续表）

店长一天的工作流程，其中涉及餐前准备和检查、餐中服务和检查、餐后收尾和检查、行政工作时间等工作内容。

流程项目	值班工作时间	值班管理内容	内容明细	1	2	3	4	5	6	7	8	9	10	11	12	13	14	15	16	17	18	19	20	21	22	23	24	25	26	27	28	29	30	31
8	13:30—14:00	（当天第五次）午间收市工作交接及收市检查	跟进区域负责人：客人用餐情况交接																															
			跟进区域负责人：结账交接																															
			跟进全场各岗位：卫生清洁收尾																															
			安排门店值班人员收市工作																															
			收市统计：午市营业情况																															
			收市检查：所有清洁情况及食材回收情况																															
			收市回顾：重点问题总结																															
9	14:00—16:50	午间休息	午间休息																															
10	17:00—17:10	晚市例会	分享：午市预估达成																															
			分享：午市重点问题和晚市要求																															
			分配：区域人员分配和卫生工作安排																															
			娱乐时间：娱乐一下，喊企业口号																															
			分享：晚市营业目标																															

（续表）

店长一天的工作流程，其中涉及餐前准备和检查、餐中服务和检查、餐后收尾和检查、行政工作时间等工作内容。

流程项目	值班工作时间	值班管理内容	内容明细	1	2	3	4	5	6	7	8	9	10	11	12	13	14	15	16	17	18	19	20	21	22	23	24	25	26	27	28	29	30	31
11	17:10—17:30	晚市餐前检查（当天第六饮）	保安区：外围清洁卫生																																
			收银区：清洁归位、机器关闭																																
			服务区：大厅和包间的细节卫生如何																																
			保洁区：洗手间和垃圾桶是否清洁																																
			厨房生产区：卫生收拾完毕																																
			全场能源：电器关闭，水源关闭																																
12	17:30—18:00	高峰期待位	所有人员各司其位，等待顾客																																
13	18:00—21:00	第七饮次和高峰值班检查（第八饮次）	保安员：车位合理安排，保安不脱岗																																
			领位员：等位合理安排，领位带位有序																																
			点菜推荐：推荐特色菜，营销活动																																
			餐中主动撤换骨碟、桌面垃圾																																
			餐中主动添加酒水、餐巾，提供加热服务																																

（续表）

店长一天的工作流程，其中涉及餐前准备和检查、餐中服务和检查、餐后收尾和检查、行政工作时间等工作内容。

流程项目	值班工作时间	值班管理内容	内容明细	1	2	3	4	5	6	7	8	9	10	11	12	13	14	15	16	17	18	19	20	21	22	23	24	25	26	27	28	29	30	31
13	18:00—21:00	第七次和第八次高峰值班检查	二次推销：见空盘、空杯，空瓶就问																															
			核对菜品是否上齐：及时催菜																															
			结账询问：是否有会员卡																															
			保洁员：及时清洁洗手间																															
			传菜员：传菜及时并无堆积																															
			物料干净并及时补充																															
			包间定时巡台																															
14	21:00—21:30	晚间工作交接及晚收市检查（第九次检查）	收银员：结账迅速、准确，不慌乱																															
			跟进区域负责人：客人用餐情况交接																															
			限台区域负责人：结账交接																															
			跟进全场各岗位：卫生清洁收尾																															
			安排门店值班人员收市工作																															
			收市统计：当天营业情况																															
			收市检查：所有清洁情况及食材回收情况																															
			收市回顾：管理组例会，重点问题总结																															

（续表）

店长一天的工作流程，其中涉及赛前准备和检查、餐中服务和检查、餐后收尾和检查、行政工作时间等工作内容。

流程项目	值班工作时间	值班管理内容	内容明细	1	2	3	4	5	6	7	8	9	10	11	12	13	14	15	16	17	18	19	20	21	22	23	24	25	26	27	28	29	30	31
15	收市完毕 23:00	（第十次检查）夜间离店安全检查	水电燃气是否关闭																																
			收市是否完毕																																
			是否存在安全隐患																																

说明：此表的时间段范围、工作内容，明细全部都需要根据门店的具体情况来做调整。此表仅供参考。

13:30—14:00 是低峰时段，应安排员工交接，安排员工餐，并做好区域的收餐和清洁工作。14:00—16:50 是休息时间，可以打扫卫生，准备物料，如果要经营可以留两个厨师做菜。然后就是晚上的餐前准备时间，首先要开例会，应留出 10~20 分钟的时间，接着要做餐饮检查，检查所有的备货备餐；在晚高峰要检查各岗位的工作，确保每个岗位都高效运作。然后在 21:00—21:30 低峰期，店长应安排员工交接和清洁工作，并安排员工吃饭。低峰期结束后一定要检查晚餐的收尾情况，如所有该收拾的地方是否都收拾了、该清洁的是否都清洁了等。最后等待客人离店的相关人员在闭店之前一定要检查安全事项。

店长在餐前不检查就会导致货备不到位，到了高峰期出品的时候还在备货，还在备调料，还在备餐具，这种情况就会造成整个门店效率低下。高峰期不检查，只在一个岗位上忙着干活充当超级服务员，可能会出现传菜部的菜没及时上，厕所没及时打扫，客人投诉服务员怠慢等情况。餐后收尾不检查，会导致桌子上的垃圾没有收，餐具没有刷，餐厅里面虫子苍蝇乱飞，电视、空调没有关。所以，店长在一天中至少需要进行十次检查。当然，值班工作时间表可以做得更详细。

高峰期值班的五个关键动作

对于店长来说，在高峰期值班时有五个关键动作。

（1）六遍巡视检查。店长一定要做到餐前检查一遍备货情况，餐中检查一遍员工的操作，餐后检查一遍清洁情况，中午和晚上各加一遍巡视检查。这六遍巡视检查是保证门店高效运营的必要工作，是绝对不可缺少的。在检查过程中，店长应根据自己的工作时间和工作内容调整"值班工作时间表"。

（2）在高峰期，店长一定要仔细检查，不能漏掉任何一项，如果这个时候不仔细检查，可能会出现很多问题。比如客人要冰啤酒，服务员去取时才发现酒不冰，原来是清洁人员拔掉电源后忘记插上了，这就是检查做得不到位造成的后果。

（3）冲在一线帮忙。巡视高峰期所有岗位时，如果发现某岗位人员很忙，店长一定要帮忙。看到收银台前站六七个人要结账，三五桌客人需要点菜等，店长应赶紧过去帮忙，发挥其"超级员工"的能力，解决完问题再继续检查，不能做甩手掌柜，该帮忙的时候一定要帮忙。

（4）边看边忙边指导。在门店中检查和帮忙的时候，一定要随时关注员工的动作，员工做得不对的地方要随时指导。厨房的厨师长也一样，如果厨师长在做厨房值班检查的时候，发现凉菜制作单子堆得很多，要一边帮忙出品，一边看其他厨师的操作标准合不合格。

（5）加油打气不能停。在繁忙的时候，店长应在动作和语言上对员工进行鼓励，例如，对员工说"你干得真好，加油""刚教过你那个动作不对，现在你调整过来了，很好"。你不断表扬员工，他们会觉得自己的工作有人在关注，工作起来就更有积极性，也会做得更加出色。如果看见有员工做得不好，也要为其加油，例如，"刚才发现你这个操作不对，已经教过你一次了，还没有调整过来呢，一会儿我还要再看看，希望你赶紧纠正过来，我认为你一定能纠正过来的，加油"。在巡检过程中对员工进行鼓励，让所有人精气神十足，这是一个店长必须要做的事情。无论是高峰期值班，还是高峰期之前之后的所有值班工作，店长一定要按照时间安排和流程来做事，只有这样才能保证整个餐厅不出问题。

课后作业

（1）请你根据本节所讲的知识，根据自己门店的具体情况，制作一份店长"值班工作时间表"。

（2）请你按照时间表做一次门店的值班管理，然后写一篇值班总结，字数不少于 1000 字。

第二节　员工该怎样上班：
门店各岗位的工作标准手册该如何制定和规范检查

员工应该怎样上班？制定和规范检查门店各岗位工作标准手册，能帮助店长更高效地要求员工按照规范、流程、标准做好相关工作。

门店的岗位工作标准手册是什么

任何一家餐厅都应该有岗位工作标准手册。岗位工作标准手册通常叫 SOC 手册。这里所说的 SOC 手册是门店当中岗位的工作指导和检查手册，也是岗位工作的标准手册。新员工进入餐厅之后，要按照岗位工作标准手册进行学习。新员工入职的时候，店长要向其详细讲解该手册的内容，让其在实习过程中熟悉 SOC 手册中的内容，更快地掌握多个岗位的技能。店长应通过 SOC 手册对新员工及老员工进行岗位流程标准的规范和训练，最终的目的是保证门店的 QSC 可以做得更好。

SOC 是英文 Station Observation Checklist 首字母的缩写，意思是岗位观察检查表，是按照工作站划分的标准操作流程。SOC 手册通常用于门店各岗位员工标准的训练和追踪，SOC 手册既包含标准，也包含标准的检查表和追踪表。例如，在西贝前厅工作站的 SOC 手册封面上，第一项内容是公司简介，第二项内容是餐厅前厅工作站的划分，第三项内容是工作站的培训流程，第四项内容是工作站的鉴定。西贝前厅工作站划分为餐前准备、迎宾排号、餐桌服务、散台服务、菜品知识、上菜结账等，这里并没有划分岗位，只是列出了前厅工作站，所有人都按照这些工作标准来工作。SOC 手册的编写应该先界定餐厅的岗位，再界定工作站的相关工作内容。

QSC 是指"品质"（quality）、"服务"（service）、"清洁"（cleanliness）。餐厅最基本的职能就是为消费者提供优质的产品、服务和环境，以提高顾客满意度，从而提高餐厅的营业额。任何一个顾客来到餐厅，坐下来首先感受到的是餐厅的环境，整个餐厅的空气、灯光、音乐等是不是让人觉得舒适。从顾客进门开始，有人迎接、有人倒水、有人点菜，顾客用餐期间服务热情，餐具很干净，菜品新鲜且味道适口，这就是好的产品和服务品质。

SOC 和 QSC 的关系是什么？我们制作 SOC 手册的目的是让产品可以按照标准出品，保证较好的产品品质；员工服务可以按照标准来执行，保证较好的服务品质；就餐环境可以按照标准保持清洁，以获得更好的顾客满意度。

制定 SOC 手册的五个关键步骤

第一个步骤是确定岗位。 餐厅中的岗位包括迎宾岗、收银岗、传菜岗等，也可以将整个前厅作为一个服务岗。有了岗位后就要划分工作站。无论是划分岗位还是划分工作站，都是为了对工作进行分配。如果有些工作只需要在某个时间完成，这些工作就不需要设立岗位，例如，某家店里不设置保洁岗，但是保洁的工作还是要做，所以在服务员的岗位中要包含一个保洁工作站。

第二个步骤是确定工作时间表。定好了岗位后，就要制定相应的岗位职责和岗位工作时间表。制作岗位工作时间表就是明确各岗位的工作如何开展，比如针对门店的收银岗位，确定收银人员应该在什么时间段做什么事情。

第三个步骤是确定工作站。重点工作应设置工作站，一个岗位会包含多个工作站。举个例子，我们每天早上从起床到出门是一个岗位，起床后要穿衣服，可以叫作起床穿衣服工作站，然后刷牙洗脸叫洗漱工作站，再就是吃早饭叫吃早饭工作站，之后就是整理上班用的工具出门上班，到此这个岗位的工作就结束了。

第四个步骤是确定要点。每个工作站中还包括许多工作要点，例如，在洗漱工作站中，还包括刷牙、洗脸、梳头发等工作要点，工作要点是工作站的细分，是工作站中的关键节点。同理，餐厅每个岗位中也有多个工作站，各工作站中又包含多个工作要点。

第五个步骤是确定追踪记录表。每一个岗位手册最后都要有一个简单的考核和追踪记录。就像小测试一样，每个月或者每三个月进行一次追踪考试并记录考试结果，第一次考试只是为了查看相关人员是否掌握了所学知识，之后的追踪考试是为了检测所学知识是否变生疏了。因此，对工作站进行追踪考核是增加追踪记录表的原因，目的是使员工能够稳定长久地胜任这个岗位。

图 3-1 是我们曾经给某家餐饮企业制定的 SOC 手册的框架。我们将整个前厅的工作分成了三个岗位，分别是服务岗、收银岗和领位岗，没有传菜岗和保洁岗。收银岗的主要工作是结账收钱，服务岗的主要工作是在门

店内服务顾客，传菜工作由厨房的打荷人员负责，卫生间的打扫和所有垃圾桶的清洁全是由服务员完成的，所以没有设保洁岗。

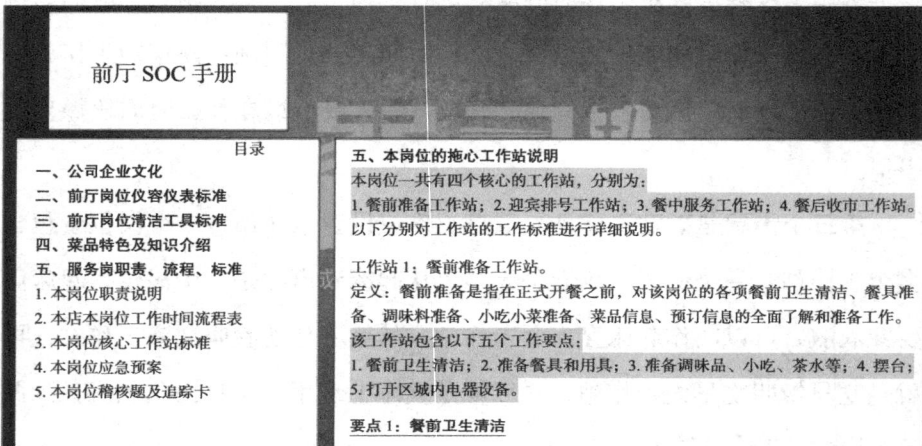

前厅 SOC 手册

目录

一、公司企业文化
二、前厅岗位仪容仪表标准
三、前厅岗位清洁工具标准
四、菜品特色及知识介绍
五、服务岗职责、流程、标准
1.本岗位职责说明
2.本店本岗位工作时间流程表
3.本岗位核心工作站标准
4.本岗位应急预案
5.本岗位稽核题及追踪卡

五、本岗位的拖心工作站说明
本岗位一共有四个核心的工作站，分别为：
1.餐前准备工作站；2.迎宾排号工作站；3.餐中服务工作站；4.餐后收市工作站。
以下分别对工作站的工作标准进行详细说明。

工作站 1：餐前准备工作站。
定义：餐前准备是指在正式开餐之前，对该岗位的各项餐前卫生清洁、餐具准备、调味料准备、小吃小菜准备、菜品信息、预订信息的全面了解和准备工作。
该工作站包含以下五个工作要点：
1.餐前卫生清洁；2.准备餐具和用具；3.准备调味品、小吃、茶水等；4.摆台；5.打开区域内电器设备。

要点 1：餐前卫生清洁

图 3-1　前厅 SOC 手册示例

大家必须要分清楚具体岗位可以划分为哪些工作站，可以确定哪些工作要点，然后根据这些工作要点整理成一张测试卷。该测试卷是对相关岗位进行检查和追踪非常重要的工具。还是以上述前厅 SOC 手册为例。该 SOC 手册包含很多内容，包括公司企业文化，前厅岗位仪容仪表标准，前厅岗位清洁工具标准，菜品特色及知识介绍，以及服务岗职责、流程、标准。前四项内容适用于前厅的所有岗位，第五项内容具有一定的针对性。在第五项内容中，还明确了服务岗的职责、服务岗的工作时间、服务岗的工作站、工作站的工作要点、服务岗的应急预案，以及服务岗的稽核题和追踪卡。服务岗的应急预案包括服务期间发现上错菜的处理办法、服务期间突然停电的处理办法等。该 SOC 手册还对服务岗的核心工作站进行了说明，比如服务岗一共包含四个核心工作站，即餐前准备工作站、迎宾排号工作站、餐中服务工作站和餐后收市工作站，餐前准备工作站包括餐前卫生清洁，准备餐具和用具，准备调味品、小吃、茶水，摆台，打开区域内电器设备等工作要点。通过这种简单的 SOC 手册，就可以对这个岗位上的所有标准进行明确的规范。

在只有一家门店的时候就将 SOC 手册制作出来当然好，但这很难做到；在有三家门店的时候就必须有一个通用的 SOC 手册；而在有四五家门店时必须对其进行一定的优化；到有十家左右的门店时，就应该具有一个非常标准的 SOC 手册。对于一个发展中的餐饮企业来说，在有两三家门店的时候，就应该有一个标准作为参考，只不过这个时候的标准可能没有那么规范，但是也比没有强。

岗位自检表的制作方法

每个员工都需要对自己的工作进行检查，此时需要用到岗位自检表。每个岗位都应该有两张自检表，一张是"岗位餐前开市自检表"，用于检查餐前的所有准备工作是否完成；一张是"岗位餐后收市检查表"，用于检查餐后的收市工作是否完成。如果餐前和餐后必要的工作都做好了，那么高峰期的工作一般都不会出现问题。表 3-2 和表 3-3 分别是一份收银岗餐前开市自检表示例和餐后收市自检表示例。

这两张表是收银岗岗位员工每天开餐前或闭餐后自我检查用的，表中的检查标准应参考 SOC 手册规定的标准。"收银岗餐前开市自检表"的检查人是"本岗今日在岗人员"。在确定了检查项目后，还要确定检查项目包括的内容及其检查标准。例如，在该表中，其中一个检查项目是吧台，该检查项目包括吧台的桌面、正面和柜子，其中吧台桌面的检查标准是桌面无水渍、无杂物，吧台正面的检查标准是无污物、无水渍、无油渍，吧台柜子的检查标准是柜门正常开启，擦拭干净。

表 3-2　收银岗餐前开市自检表示例

检查人：　　　　本岗今日在岗人员　　　　检查月份：6 月

检查项目	包含内容	检查标准/日期	1	2	3	4	5	6	7	8	9	10	11	12	13	14	15	16	17	18	19	20	21	22	23	24	25	26	27	28	29	30	31
吧台	吧台桌面	桌面无水渍、无杂物																																
	吧台正面	无污物、无水渍、无油渍																																
	吧台柜子	柜门正常开启、擦拭干净																																
酒水展示架	酒水摆放	无缺漏、摆放整齐、无灰尘																																
	标签	标签齐全、无变形变色																																
电子设备	收银电脑	正常开启、正常运作																																
	音响功放	全部正常开启、正常运作																																
	监控系统	正常开启、内存充足																																
	发票机	正常开启、发票充足																																
	对讲机	充电齐备、5个数量齐全																																
	点菜宝	充电齐备、6个数量齐全																																

（续表）

检查项目	包含内容	检查标准 / 日期	1	2	3	4	5	6	7	8	9	10	11	12	13	14	15	16	17	18	19	20	21	22	23	24	25	26	27	28	29	30	31
酒水柜	酒水柜1号	××																																
	酒水柜2号	××																																
	酒水准备情况	××																																
门口及吧台灯	吧台灯	××																																
	等位区灯	××																																
	招牌灯	××																																
	等位区电视	××																																
地面		××																																

表 3-3　收银岗餐后收市自检表示例

检查人：本岗今日在岗人员　　　　　检查月份：6月

检查项目	包含内容	检查标准／日期	1	2	3	4	5	6	7	8	9	10	11	12	13	14	15	16	17	18	19	20	21	22	23	24	25	26	27	28	29	30	31
吧台	吧台桌面	摆放整齐无杂物																																
	吧台正面	摆放整齐无杂物																																
	吧台柜子	正常开启，无污渍																																
酒水展示架	酒水摆放	盘点完毕，摆放整齐																																
	标签	标签齐全，无变形变色																																
电子设备	收银电脑	正常关闭，无异响																																
	音响功放	正常关闭，无异响																																
	监控系统	正常开启，内存充足																																
	发票机	正常关闭，无异响																																
	对讲机	正在充电，5个齐全																																
	点菜宝	正在充电，6个齐全																																

（续表）

检查项目	包含内容	检查标准/日期	1	2	3	4	5	6	7	8	9	10	11	12	13	14	15	16	17	18	19	20	21	22	23	24	25	26	27	28	29	30	31
酒水柜	酒水柜1号	××																															
	酒水柜2号	××																															
	酒水准备情况	××																															
门口及吧台灯	吧台灯	××																															
	等位区灯	××																															
	招牌灯	××																															
	等位区电视	××																															
地面	××																																

请你根据本节所讲的内容制作门店当中某个岗位的工作时间表，并且列出这个岗位的工作站和工作站中包含的工作要点。

请你根据本节所讲的内容制作一个工作岗位的岗位自检表。

第三节　如何安排门店的班次：前厅和厨房的员工班次安排，提升工作效率

排班的意义和价值

店长可通过安排员工的班次保障整个门店的工作效率。有些餐厅不太注重排班，可能也不会排班，一个班次安排直接用到底，认为这样的人员安排最高效，实际上这样做是错误的。

排班的意义和价值如下所述。

（1）可以提高员工的工作效率。在排班之前，店长应对餐厅的工作量、工作内容进行了解，而后有效地进行人员配置，从而提高工作效率。

（2）可以减少人力成本的支出。对于餐厅来说，每增加一个人员不只是增加了工资，还会增加培训成本，以及用于吃、住、穿、用的成本，另外还有其他看不到的隐形成本。有效的排班可以对人员进行合理的时间安排和数量上的优化，人员的配置稳定下来，可以减少不必要的人员浪费。本来16个人就能够维持门店的运营，为什么要安排18个人呢？有的店长可能会说不加人忙不过来，但其很可能是班次安排不当导致的。

（3）可以有效地保障门店的运营。通过排班，确保在餐前、餐中、餐后各个关键时段的工作内容都有足够的人手来完成，这能够保障门店的运营顺畅。

除了以上几点，有效的排班还可以让员工更好、更充分地工作和休息，员工只有得到充分的休息才可能全身心地工作，这也是排班的一个意义和价值。

门店排班的六个关键步骤

在排班时，有两张非常重要的表格要用到，一张是"排班分析表"，也叫"画线排班分析表"，麦当劳和肯德基一直在使用该表，该表主要用于分析门店的班次到底怎么安排比较合理。另一张是"周度排班表"。"排班分析表"只是用来分析，分析完需要用到"周度排班表"将班次排出来，然后在门店张贴，让所有员工都知道自己该在什么时间上班。"周度排班表"一般在每周六排班的时候使用，"月度排班表"一般在每个月的最后一周使用。在排完班之后，店长还要与员工进行核对。

表 3-4 是一份前厅周转排班表示例。任何一家餐厅的排班都离不开以下六个关键步骤。

第一步是确定工作内容和工作量。工作内容越复杂工作量就越大，用工就越多，比如厨房的每一项工作都没有做到标准化，需要大量员工进行采购、摘洗、加工切配等工作，所有的备货、备餐、备料都需要大量的人工和时间来完成。菜品数量或菜品制作的复杂程度也决定了用工的数量，如果餐厅的菜品数量相对科学和合理，那么用工数量就不需要太多；如果菜品的半加工由中央厨房或加工中心完成，那么厨房的工作量就会降低，用工数量就会减少。减少一个人员就意味着一个月能减少几千元的支出，一年就能节省几万元。

表 3-4　前厅周转排班表示例

2020.2

编制	岗位	姓名	日期 星期	10 一	11 二	12 三	13 四	14 五	15 六	16 日	当月剩余 休息天数
1	店长	××		A	C	A	休	B	A	A	3 天
2	前厅经理	××			B	休	B	C	A	A	A	3 天
3	领班	××		C	B	休	A				3 天
4	领班	××		休	A	C	B				3 天
5	服务员	××		A							3 天
6	服务员	××		C	休						
7	服务员	××		B		休					
8	服务员	××		休							
9	传菜员	××									
10	传菜员	××									
11	保洁员	××									
12	领位员	××									
13	收银员	××									
14	收银员	××									
当月预估营业额					本周预估营业额						
本周重点工作内容											
排班表说明											
1. 班次		A 班：9:00—14:00，16:30—21:30。B 班：9:00—19:00。C 班：11:30—13:30，16:30—23:00。 D 班（休上午）：16:30—21:30。E 班（休下午）：9:00—14:00。F 班（休上午）：16:30—23:00。 G 班（休下午）：11:30—13:30。									

（续表）

排班表说明	
2.排班说明	1.本排班表将在每周六开始排定下周班次，并在周日的18:00左右张贴出来。 2.如各位伙伴需要在下周特定时间休息，请务必在周日18:00之前告知负责人。如排班表已经张贴出来，将不再做更改。 3.各位伙伴务必按照制定好的班次上下班，并严格按照公司规定打卡。否则按照公司制度处理。 4.各位伙伴不得擅自调整班次，如需调整班次，必须告知店长，经同意后再调整。 5.请假的伙伴必须有请假单，否则严惩。
3.其他规定	迟到：△　　早退：▽　　旷工：×　　病假：病　　事假：事

同理，服务的质量要求越高，服务程序越多，用工数量就越多。大家都说海底捞的服务特别好，但是有没有想过，如果一个人服务10张桌子，不可能把服务做好，因为根本就忙不过来。一家500平方米的店，人员数量要配到120个以上甚至150个才能把服务做细，这完全是靠人力维持服务质量。如果一个人只服务三四张桌子，就可以把服务做得非常细致，这就是为什么很多大酒店一个包间配一个服务员。对于服务质量要求相对较低的餐厅，可能三个包间才配一个服务员，其工作内容就相对简单。所以，工作越复杂，用工数量就越多，这是排班的依据，是排班之前需要考虑的一个关键步骤。

第二步是进行定岗和定员。岗位上的人员越少，缺编率就越高，就越难排班。比如某岗位的编制只有一个人，除非该岗位的工作内容很少，否则一个人很难把该岗位的工作做好。如果缺编很多，比如服务员编制是8个人，缺了4个人，那么也很难安排班次。因为这样没有办法安排员工休息，也没有办法安排大家按照不同的时间来上下班，所以在整个周期当中都会有比较大的影响，这也是需要注意的。

第三步是确定员工的工作熟练度。相关岗位上的员工对工作越熟练，排班效率越高，熟练度越差，用人数量就越多。对于一项工作，一个熟练的员工在半个小时内就能完成，如果都是新手，可能两个人加起来都不比一个人的效率高，这样用工数量也会变多，所以必须要考虑人员工作的熟练度。界定工作熟练度时可以用"A、B、C"三个字母来进行描述，如果只达到 C 级，代表会按标准做但是不熟练；如果能达到 B 级，代表工作比较熟练，速度相对较快；如果能达到 A 级，代表做得又快又好。店长应针对每一个员工进行"A、B、C"级的区分，并在排班的时候据此对员工进行搭配，最好让一个工作熟练度高的员工带两个工作熟练度中等的员工，或者让一个工作熟练度中等的员工搭配一个工作熟练度低的员工。这也是排班时很重要的一个依据。

第四步是确定营业额目标。店长可通过营业额目标的多少判断排班的人数，营业额目标越高，通常用工人数越多，班次安排越多；营业额目标越低，通常用工人数越少，班次安排越少。例如，30 万元的营业额目标 12 个人就能完成，可能只需要安排两个班次，当营业额目标达到 60 万元的时候，可能需要 16 个人，甚至需要 20 个人才能完成，此时班次也会从原来的两个变成了四个，否则可能忙不过来。

第五步是确定营业时长。通常营业时间越长，用工人数越多，班次越多，因为不可能安排一个人从早上 8:00 一直工作到晚上 10:00。例如，门店有早餐、午餐、下午茶、晚餐、夜宵五个营业时段，至少需要安排三个班次或四个班次，这样的安排需要的用工数量也就很多。无论营业时间多长，用工时间的安排都应该规范，不能无止境地安排员工工作。

第六步是确定班次的时间和人数。排班最重要的是安排不同的工作时间和人数。例如，在早餐时段，安排三名员工 4:00 上班准备早餐，5:00 开始售卖，并安排这个班次的员工在 14:00 下班，那么 4:00 和 14:00 就是该班次的起止时间，这三名员工就是该班次的人数。

对于排班的六个步骤，我们简单地介绍一下。

店长在进行第一步时应确定门店营业的高峰期和低峰期，以及值班等不同时段的工作内容和工作量。

比如明确高峰期和低峰期的起止时间，以及每天要在各个时段内完成哪些具体工作。将这些工作内容全部写出来，看看各项工作需要多少人来完成，这一点非常重要。

店长在进行第二步时应确定有哪些岗位，以及可以用来安排工作的人员有多少。确定了岗位后，就要明确各岗位有多少人可以排班，比如前厅的服务岗有六个人可以排班，传菜岗有三个人可以排班。

店长在进行第三步时应确定门店各个岗位能独立顶岗的员工有多少，需要带着做事的员工有多少，以便在排班时更好地进行人员搭配。

店长在进行第四步时应明确门店的营业额情况。门店在一周中每天的营业额是有差别的，店长应根据不同的营业额安排不同的用工人数。店长应先计算一下人效，并且在每天安排人员值班的时候，必须排除休息的员工。假设前厅一共有 13 个人，如果每人每周休息一天，也就意味着每人一个月需要休息 4 天，那么若本周这 13 个人每人都要休息一天，在周末很忙不安排休息的情况下，13 人除以工作日的 5 天等于 2.6 天，就意味着工作日每天大概要安排 2~3 个人休息，每天只剩下 10~11 个人工作。人效就是员工的工作效率。例如，门店一个月的收入是 300000 元，用工 10 个人，人效就是 300000 元除以 10，即每个月每个人的产值是 30000 元。我国餐饮行业全职员工比例比较高，绝大部分餐饮企业都是 100% 的全职员工，个别是 95%

以上的全职员工，所以计算人效是没有问题的。在这一点上，肯德基是不一样的，因为肯德基 50% 以上都是小时工，其应该计算时效，就是每个人每小时的产值。30000 元是非常高的人效了，很多企业的人效处于 22000 元～25000 元，这个范围相对比较合理，人效太高员工可能会非常辛苦，这时就要考虑用工人数，以及休息和奖金之间的平衡了。按每月 300000 元的人效计算，一天的人效为 10000 元，如果由 10 个人来完成，就意味着日人效为 1000 元，那么如果今天营业额的目标是 8000 元，就可以安排 8 个人完成。

店长在进行第五步时应确定门店的营业时间安排。门店一定要确定全天的上班时间，通过排班分析表，确定排定的班次时间，并且确定班次人数，班次可以多个，但是班次的时间不能太长，最长不要超过 10 个小时，每个班次 9 个小时最好，因为超过 10 个小时就违反了国家的相关规定。

表 3-5 是一份画线排班分析表示例。

根据表 3-5，假设今天是周末，所有员工都在岗，该如何安排员工的上班时间和班次呢？店长在排班时，最好安排一些人在中午、晚上两个高峰期值班，这样可以有效缓解高峰期人员少的压力。如果以 10 个小时为工作时间段，可以先安排 A 班次在 9:00—14:00 值班，这个班次包含了餐前准备、午高峰、午低峰、收市几个时段。该班次从 16:30 开始上班，只需要完成餐前准备、晚高峰到晚收市分段的工作，到 21:30 就可以下班了。A 班次的工作时间是 9:00—14:00 和 16:30—21:30，共 10 个小时。A 班次安排了 6 个人，一个主管，两个服务员，一个收银人员，一个迎宾人员和一个传菜人员。A 班次是最辛苦最忙碌的班次之一，既要开早又要忙高峰期，还要在晚上做一部分的收市工作。那么高峰期安排这 6 个人肯定不够，所以还需安排更多的人员，于是安排了 B 班次在 9:00—19:00 值班，并在中午安排了 4 个人值班：一个经理、一个服务员、一个收银人员和一个保洁人员。如果中

表 3-5　画线排班分析表示例

前厅岗位	岗位总人数	人员姓名	餐前准备 9:00—11:30	午高峰 11:30—13:30	午低峰、收市 13:30—14:00	午值班 14:00—16:30	餐前准备 16:30—17:30	晚高峰 17:30—21:00	晚收市 21:00—22:00	晚值班 22:00—23:00
经理	1	a	B 班次：9:00—19:00							
主管	1	b	A 班次：9:00—14:00					16:30—21:30		
领班	1	c		11:30—13:30				C 班次：16:30—23:00		
服务岗	6	A	A 班次：9:00—14:00					16:30—21:30		
		B	A 班次：9:00—14:00					16:30—21:30		
		C			B 班次：9:00—19:00					
		D		11:30—13:30				C 班次：16:30—23:00		
		E	A 班次：9:00—14:00					16:30—21:30		
		F			B 班次：9:00—19:00					
收银岗	2	G	A 班次：9:00—14:00					16:30—21:30		
迎宾岗	1	H	A 班次：9:00—14:00					16:30—21:30		
传菜岗	2	I		11:30—13:30				C 班次：16:30—23:00		
保洁岗	1	J			B 班次：9:00—19:00					

午没有太多工作要做，店长可以安排一个人到其他班次，这些都要根据具体的工作安排确定。一般来说，晚上的收市和值班工作需要增加一个班次，于是安排 C 班次在 11:30—13:30 和 16:30—23:00 值班，C 班次相关人员在中午只要把高峰期工作做完就可以休息了，晚上需要一直等到最后一桌客人离开才能下班。A 班次可以被定义为早班，B 班次可以被定义为中班，C 班次可以被定义为晚班。这三个班次既保证了各员工的工作时长，也保证了其休息时间，这样的排班是比较合理的。

对于每个班次的人数和班次的时间，店长可以根据门店具体的工作量和营业时长进行调整，同时，在使用"排班分析表"进行分析之后，要将具体安排体现在排班表上。

课后作业

根据门店的情况进行一次画线排班分析，用"A、B、C、D"代表不同的班次，写清各班次的时间、人员，并制作每周的排班表。

第四节　四个必要会议：
例会、员工大会、管理组会、经营分析会

店长有四个重要会议需要参加，分别是例会、员工大会、管理组会和经营分析会，前三个会议是店长在门店内组织召开的，最后一个会议是公司组织召开的，店长需要到公司办公地点参加。

例会该怎么开

例会就是例行会议，是每一家门店都应该召开的会议。例会分为早例会和晚例会，有些门店只开早例会，不开晚例会；有些门店只开晚例会，不开早例会；还有些门店可能开三次例会，除了早上、晚上各开一次例会，下班之前还要开一次例会。门店最好每天早上、晚上各开一次例会，早上只需组织两三个关键人员参加，也可以选择不开，但是每天晚上都应该开一次例会。开例会的目的有四个：一个是检查大家的仪容仪表，一个是通知一些相关的工作，一个是鼓励员工，还有一个是提升员工士气，比如在例会中开展一些活动，释放员工的压力，提升员工的精气神。

早例会一般在开餐前召开，开例会的时候参会人员必须穿工作服，着装要整齐，例会的时间一般不应超过 15 分钟，正常在 10 分钟以内，如果没有太多工作要交代，三五分钟内解决最好。对于超过 15 分钟的例会，多出的时间大多是店长的临场发挥时间，没有什么价值，开例会时要挑重点说，要快速完成。例会一般在门店的大厅或门口召开，在门店门口召开例会能把整个团队的精气神呈现给路人。开例会时，发言人一般不超过两个。前厅和厨房的人员可以一起参加例会，也可以分开进行，但是一起参加是最好的，这样可以促进彼此间的交流和配合，这对于管理是非常重要的。对于在例会上需要宣布的事情，管理组要在开会之前做好沟通，凡是在例会上宣布的内容，管理组都应提前沟通好，防止出现问题。

开例会的步骤如下。

第一步，组织大家到指定的场地准备开会。

第二步，点名确认此时应该上班的人员是否已经就位。如果有员工没有按时到岗，组织者应做好记录。

第三步，仔细检查员工的仪容仪表，确保员工的整体形象符合餐厅标准。如果员工连基本的着装标准都达不到，那么顾客就会对餐厅产生不好的印象。

第四步，汇报门店前一天的业绩达成情况，以及当天的营业额目标。例如，前一天的业绩目标是 10000 元，经过大家的共同努力，最终完成了 15000 元；当天的营业额目标定为 12000 元。店长应与相关人员进行讨论，对当天的营业额目标进行划分，比如中午要完成多少、晚上要完成多少。最终店长要感谢大家前一天为业绩所做出的努力，并鼓励大家当天也要努力完成目标。

第五步，汇报昨天店里发生的事情。好事和坏事都要说，好事要表扬、要提倡，甚至要给予奖励；坏事要批评，并强调以后该如何改进。门店每天都会发生一些事情，应该让所有员工对所发生的事情有一个了解。前厅发生的事厨房人员要清楚，厨房发生的事前厅人员也要清楚，要像一家人一样知道谁获得了荣誉，谁做得不够好需要帮助。对表现出色的员工，店长可以当场表扬，甚至给予奖励，比如厨房的某个员工前一天在非常迅速地完成自己的工作后，还来前厅帮忙，非常值得表扬，这是优秀员工的表现。如果员工犯了错，店长可以予以强调，但不要批评，比如强调"昨天有一个员工在洗手间待了半个小时，没有服务好他负责的那一桌顾客，结果遭到了顾客的投诉。以后所有人都必须要记住这一点，有事的时候要向主管或同事打个招呼，这是匿名批评并且提醒大家注意"。

第六步，通报公司的通知和工作安排。每一家公司都会有一些通知或工作安排，例如，国庆节快到了，公司准备举办一个活动，这就是一个通知。再比如，下个月团建，发通知告诉大家活动的安排。其目的一方面是让员工对公司的所有动向和变化有一个了解，另一方面是让大家都感觉到自己是公司的一分子。公司下发的所有通知，只要是张贴出来让大家看的，都必须要让所有管理组人员签字，然后再张贴出来，表示每个管理组人员都知道这件事，这一点特别重要。

　　第七步，酌情安排团队娱乐活动或者适量的运动。在例会上可以开展一些娱乐活动，目的是调动整个团队的情绪和状态，让大家活跃起来，兴奋起来，这样工作才能做好。例如，大家一起跳跳舞、跳跳绳、跑跑步，这些都是可以的。

　　第八步，在例会开始或结束之前，一起齐声喊出公司的文化或口号。其一方面可以加强全体人员对公司文化和口号的记忆，另一方面可以提神醒脑。这些就是召开例会的常用方法。

每月的员工大会怎么开

　　员工大会就是全体员工参与的会议。员工大会是每个员工都应该参加的会议，是每一家餐厅都应该召开的会议。员工大会一般一个月召开一次，而且要形成一个固定的模式，无论员工是否休息都应该参加，因为这是门店一个月一次的沟通、交流、汇报会。

　　召开员工大会的目的有四个。

　　（1）汇报。店长向所有员工汇报这一个月里门店都发生了哪些事情。

　　（2）表彰。对一些员工的表现进行表扬。

　　（3）培训。利用员工大会的时间给员工做培训。

　　（4）提气。在会议过程中带大家做团体活动，提振大家的士气。

　　那么，召开员工大会需要注意什么呢？

　　（1）员工大会一般是在每个月月底 25 日以后或在下个月的 5 日之前召开的。

（2）员工大会一般在 9:00—10:00 或 22:00—23:00 召开，会议时长为一个小时左右。有些企业会选择在下午召开，一般不推荐在下午召开，因为这会占用员工的休息时间。

（3）召开员工大会时，员工可以穿工作服，也可以穿自己的服装，但要相对正式，不能穿着短裤、拖鞋，不能太随意。

（4）开会时间不超过一个小时，有一些特别重要的会议，可以延长到一个半小时。

（5）员工大会的召开人一般是门店的第一或第二负责人，如店长、厨师长或经理。一般来说，组织工作可以授权骨干员工、储备干部来做，但是发言人必须是第一负责人或第二负责人，不能让员工代劳。

（6）员工大会通常在店内召开，所有门店员工必须一起参加。

（7）对于要宣布的事情，管理人员在开会之前应做好充分的沟通，没沟通好的事情不要在大会上透露。

（8）可以提供一些食物或点心，让大家放松心情，感受到企业的关怀。

员工大会的内容和注意事项如下。

（1）负责人应组织大家到指定的场地准备开会。

（2）负责人应确认参加大会的人员是不是都到齐，没来参加的人员要记录下来，确认其是否提前请假，如果相关人员没请假也没来参加会议就需要按公司规定对其进行处理。

（3）负责人应先带领大家喊一遍公司的口号，把大家的精气神调动起来。

（4）相关人员汇报本月门店业绩达成情况。如果要发放奖金或者其他奖励，店长可以提前通知，会让大家充满期待。

（5）店长应总结并向全员汇报本月店里发生的事情，同时告诉大家下个月的工作目标，在管理上面要做哪些调整。总结和汇报本月的情况，一方面可以再次提醒大家要注意哪些事项，另一方面可以借此机会把下个月想要推行的一些管理方案向大家做个说明，这是一个好机会。

（6）负责人通报公司最新的通知、安排和计划。负责人应就公司下个月的动向进行说明，号召大家积极配合。

（7）投票推选门店每个月的优秀员工，并进行表彰。一个月过去了，前厅或厨房总有一些表现很出色的员工，需要给予表彰，店长可以在员工大会上组织投票，给予优秀员工一定的奖励或颁发证书。

（8）店长应酌情安排团队娱乐活动。店长可以在员工大会上预留半个小时的时间组织员工进行跳绳、打羽毛球等娱乐活动。

门店管理组会应该怎么开

门店要定期召开管理组会，一般是一天一次或一周一次。如果一周一次，则全体管理组成员都要参加，一天一次则相当于当班管理组的一日总结会。召开管理组会的目的也很简单，就是将门店一周内出现的所有问题都讨论一下，提出解决方案，做好分工合作。

如果每天召开一次管理组会，要选择管理组人员较多的时候召开，如果一周一次就必须固定时间，要求所有管理组成员都得按时参加。管理组会的时间一般应安排在21:30—22:30。会议时长一般不超过1.5个小时，会议的组织人员必须是第一负责人或第二负责人，通常在门店内召开。

管理组会必须由前厅和厨房的管理组一起召开，应将前厅、厨房中的所有问题都讨论一遍。如果发现了一些日常管理问题，就要讨论确定解决方案，将其做成指导手册。

那么，管理组会如何开才有效？

（1）组织所有人到场，点名人员是否到齐，最低参会级别可以是组长或资深组长，但是不要经常让他们参加，偶尔参加一次感受一下管理组会的氛围即可。

（2）沟通门店发生的事情，前厅人员和厨房人员都要发言。管理组成员要学会表达，表达能力差，和大家的沟通就会不顺畅，所以一定要锻炼大家的表达能力。

（3）如果有要执行的政策或者方案，前厅和厨房一定要沟通清楚，必须当场记录并分工到人，然后进行监督执行。管理组会一定要针对可以分工的事情进行讨论。

经营分析会应该怎么开

经营分析会就是店长每个月定期参加的由老板或运营负责人组织的门店经营管理会议。每一位店长都应该进行工作汇报，一定要用 PPT，以及投影或电视来进行呈现。店长必须具备全面的工作总结能力、问题的发现和解决能力，以及工作计划能力，只有这样才可以将门店管理好。

那么，经营分析会的召开目的是什么？

其通常有三个目的：第一个是总结经营和管理方面的问题，第二个是探讨相关问题的解决方案，第三个是核对和确认大家的工作计划。

经营分析会须知事项如下所述。

（1）经营分析会通常在每个月 15 日左右召开。

（2）经营分析会是由老板或运营经理组织召开的。

（3）会议的目的在于总结上个月、上半年或上一年的业绩，也就是今天开的总结会，可能是上个月的总结会，也可能是上半年的总结会，甚至是年度总结会，以及对以后的一些相关计划的描述和确认。

参会人员要准备PPT，一般由公司提供统一的模板，开会的时候每个门店派一名代表，按照顺序上台做汇报。PPT的制作及使用可参考本节介绍的方法。

图3-2是一份门店经营分析报告封面示例，包含了汇报名称、汇报门店、汇报人、保密等级、编制日期等内容。本书附赠资源包含该门店经营分析报告示例的完整版，读者可以根据需要按照前勒口列示的路径下载使用。

汇报门店	××店工作汇报	汇报人	××
保密等级	仅供公司内部高层查阅	编制日期	××年××月

图3-2　门店经营分析报告封面示例

（1）业绩情况的总结描述和问题分析及对策。其包含营业额指标达成情况，比如预估30万元，结果完成了35万元，有什么好的经验；重点分析同环比达成情况，包括客流量同环比情况、客单价同环比情况。

（2）成本利润情况总结描述、问题分析、对策。其具体包括总的可控成本和费用情况，毛利率达成情况，人力成本情况，能源费用情况，以及其同环比分析情况。

（3）管理问题的总结、问题的分析和相关对策。管理问题包含大众点评的分数、顾客的评价、顾客评价的内容、门店 QSC 问题分析、外卖相关问题分析等。管理问题主要针对的是顾客的整体好评率。

（4）下半年或者下个月的工作计划、侧重点等。其具体包括业绩目标及相关问题的解决方案。

以上这些都应包含在经营分析报告中，我们为大家提供的这个 PPT 模板，也包含了这些内容，大家可以按照模板完成门店经营汇报 PPT 的制作。

课后作业

作业一：请根据本节所讲知识，用 Word 制作一份门店员工大会召开流程表。

作业二：请使用门店经营分析报告 PPT 模板，完成下个月的经营分析报告。

第五节　如何开展培训：培训的计划、实施和考核

培训的目的、内容及对象

培训的目的如下。

（1）帮助新员工快速熟悉门店的工作流程和工作标准，降低新员工犯错的概率，提升其工作效率。新员工入职后，公司应在第一时间为其安排相关培训。

（2）帮助现有的门店员工掌握工作标准，提升其工作效率。例如，帮助入职两个月的门店员工掌握多个岗位的工作标准，以及提高其对所在岗

位的工作标准的熟练度，提升其工作效率。

（3）为公司输送更多的人才。公司可将培训与员工的晋升挂钩，比如通过培训使员工符合公司的晋升要求，也可通过培训考核确定员工的能力水平。

培训的内容主要包括以下几个方面。

（1）企业文化。公司可以把企业文化作为培训的一个重要内容，通过介绍企业的发展历程，以及企业文化、理念和口号等，使员工充分了解公司，同时对公司产生信任感并逐步建立起荣辱与共的信念。我们之前接触过很多员工，他们总认为自己就是打工的，不需要关心这些。但是，一旦员工发现公司取得的成绩与自己的努力是分不开的，他们就会建立荣辱与共的信念，这种信念建立起来之后，就会产生极大的归属感。企业文化的作用是在目标、愿景和使命方面使公司与员工之间形成统一性和连接性，所以企业文化的介绍是一定要做的。

（2）规章制度。通过规章制度（包括员工手册、宿舍制度等）的培训，可以让员工对其在公司中的权利与义务，以及公司的管理规定有一个充分而全面的认识，这是非常重要的一项培训内容。当新员工入职后，公司需要向其介绍奖罚、考勤、休假、请假等规定，包括员工离职需要准备的资料，公司可以向新员工发放员工手册并签字确认。

（3）安全知识。通过生产安全、消防安全培训，可以让员工在上岗的同时学会保护自己，不给门店和自己带来安全风险。例如，上班时不允许穿拖鞋，因为穿拖鞋有可能滑倒；端菜的时候要端稳并注意安全；厨房的员工在使用刀具的时候一定要小心，避免被划伤。使用电源、燃气时需要注意什么、灭火器如何使用并放在什么地方等，这些都需要培训。这是所有员工必须要在第一时间掌握的知识。

（4）岗位 SOC 手册。SOC 手册是门店各岗位的标准操作手册，通过对各个岗位的 SOC 手册进行培训，可以让员工掌握更多岗位的工作标准，达到提升工作效率的目的。新员工应先掌握自己所在岗位的工作标准，老员工应掌握更多岗位的工作标准，从而提升各自的工作效率。岗位 SOC 手册是必要的培训内容之一。

如何确定训培计划和节奏

门店的培训对象通常分为新员工和老员工两类。门店应如何针对新员工制定培训计划呢？这里介绍一个非常高效且简单实用的方法，叫作"13720"培训法。

"1"指的是在新员工入职的第 1 天就向其介绍公司的发展史、企业文化、安全生产规定和岗位 SOC 手册，并针对岗位 SOC 手册中的工作站进行手把手的讲解和指导。其中，对于公司的发展史、企业文化、安全生产规定的介绍应控制在 30 分钟左右，岗位 SOC 手册的介绍也应控制在 30 分钟左右，累计大约一个小时。培训时间最好安排在 9:30—11:30。其中有个关键点就是针对岗位 SOC 手册中的工作站进行手把手的讲解，然后将新员工介绍给老员工。在讲解完岗位 SOC 手册后，就要给新员工发放一份手册，并告知三天后将对其进行提问。

"3"指的是在新员工入职第 3 天考核其掌握了多少相关知识。店长首先应针对岗位 SOC 手册中的内容进行随机提问，检查其熟悉程度，然后针对岗位 SOC 手册中某个工作站做一次手把手的讲解和指导，用时不超过 40 分钟。这个培训安排在当天的任何一个工作站都没有问题，但是要与指导的工作站工作时间相符。例如，今天指导的是下班之后的盘点工作，那么就得在下班的这个工作时间段进行。

"7"指的是入职后的第 7 天。在第 7 天，店长应针对 SOC 手册中的内容进行简单的提问，同时可以进行一次笔试。笔试试卷可以简单一些，5 个填空题和 5 个选择题就可以了，目的是加强新员工对手册的记忆。店长应在第 3 天的时候告诉新员工第 7 天还会提问，并且进行一次简单的考试，这样他就会天天拿着标准看，就会加强对手册的记忆。同时在第 7 天，店长也应就某个工作站做一次手把手的讲解。店长还可以同时带着经理一起做，带着厨师长一起做，这也是一举多得的事情。

"20" 是指新员工入职后的第 20 天。店长应针对 SOC 手册的内容对新员工进行一次正式的考试。这次考试可以包含选择题、填空题、判断题、问答题，要求应相对严格。新员工考得好就提前转正，考得不好等到满一个月的时候再补考。其总用时 30 分钟就可以了。考试时间安排在当天上午的 9:30—11:30。

表 3-6 是一份 "13720" 新人培训计划表示例，仅供参考。

表 3-6　"13720" 新人培训计划表示例

新员工	入职第 1 天	入职第 3 天	入职第 7 天	入职第 20 天
张翠花	10.1	10.3	10.7	10.20
1. 培训内容（所有新人一致，固定不变）	发展史 + 文化 + 制度 + 岗位操作安全 +SOC 中 1 个工作站	提问 +SOC 中 1 个工作站	简单笔试 +SOC 中 1 个工作站	转正考试
2. 是否完成	已完成	未完成，延期 1 天	已完成	已完成
3. 培训结果评价（带训人填写）	对企业有了一个大概的了解，学习比较认真且比较认可公司的文化制度，没有疑问。在手册上签了字，培训了工作站 1 的内容	对手册的内容记得不熟，但是比第 1 天好了很多，培训了工作站 2 的内容	笔试结果不错，考了 78 分，很用功。今天培训了工作站 4 的内容	考试认真，取得 85 分的成绩。20 天来的表现十分出色，可以提前转正

（续表）

新员工	入职第 1 天	入职第 3 天	入职第 7 天	入职第 20 天
4. 受训人签字	张翠花	张翠花	张翠花	张翠花
5. 培训执行人	店长××	店长××	经理××	经理××

填表说明：

1. 此表在员工入职的第 1 天就应制作出来，一式两份，一份给员工随身携带，一份给店长，也可以张贴在办公室；

2. 此表打印出来时，2、3、4、5 项不要填写，每完成一项填写一项。

　　转正后的员工，同样要进行培训，这叫作通岗培训法。通岗培训法是新员工成为老员工以后要掌握更多的岗位技能必须接受的训练方法，包含以下几步。

　　第一步，进行培训规划。

　　第二步，制定培训计划并发出通知。

　　第三步，实施培训。

　　第四步，进行培训考核。

　　进行培训规划是指要对门店必须通岗的员工制定全岗位工作站学习的整体排期计划。需要注意两点，第一点做培训排期的时候应以一个月为基础，一周排一次或两次培训都可以。第二点整个培训过程中需要对员工参加过什么培训，考试成绩如何进行记录。

　　表 3-7 是一份通岗培训规划表示例。该表中包括岗位、员工姓名和入职时间等，这些信息需要填在里面。其中，岗位又划分为具体的工作站，如服务岗划分为三个工作站。这张通岗培训规划表中空白之处代表没有安排培训，填写了日期的代表计划安排培训，打了钩的代表已经培训完，写分数的代表已经考核通过。

　　通岗培训规划表一般是在每个月的 20—30 日开始规划，每次培训时间建议控制在 40 分钟以内。

表 3-7 通岗培训规划表示例

编制数	岗位	员工姓名	入职时间	转正时间	文化制度课程		菜品知识	专业技能课程							
					企业文化 公司发展史 是否培训	人事制度 安全知识 是否培训	是否培训	1—点菜工作站 是否培训	2—服务工作站 是否培训	3—结账工作站 是否培训	泊车岗 是否培训	迎宾岗 是否培训	传菜岗 是否培训	保洁岗 是否培训	收银岗 是否培训
1	前厅经理	××			√	√		11.3	√	11.14					
2	主管	××			√	√		11.7	73	11.19					
3	领班	××			√	√		11.3	√	11.14					
4	服务员	××			√	√		11.3	√	11.14					
5	服务员	××			√	√		11.3	√	11.14					
6	服务员	××			√	√		11.7	66	11.19					
7	服务员	××			√	√		11.7	82	11.19					
8	服务员	××			√	√		11.3	√	11.14					
9	服务员	××			√	√		11.7	71	11.19					
10	传菜员	××			√	√		11.7	58	11.19					
11	传菜员	××			√	√									
12	保洁员	××			√	√									
13	领位员	××			√	√									
14	收银员	××			√	√									
表格说明	1. 此表每个月排1次，每月最后10天进行排期。 2. 每个月可以排4期至8期不等。 3. 上课时间为早例会后30分钟~50分钟或下午例会后30分钟。不建议安排在14:00—17:00。 4. 培训以岗位分解出来的工作站为内容，一个工作站可以分成3次，每次30~40分钟进行讲解，不要一次培训完毕。 5. 如果已安排好但还未开展培训，培训完的打钩，没安排的留空白，考试完成的填写分数。														

如何实施培训工作

最佳的培训时间是每天例会结束后的 30~40 分钟。培训有四个步骤，叫作训练四步骤。

第一步，讲解。首先要准备培训资料，如 SOC 手册，应按照工作站进行讲解，每次培训最多讲解一个工作站。如果工作站的工作内容比较多，就将它再次分解，每次讲解一个工作要点就可以了。

第二步，示范。对于讲解的内容最好进行现场示范，比如餐厅清洁工作站如何调配洗涤灵、如何擦桌子，这些必须亲自示范。

第三步，练习。做完示范就要让员工练习，怎么练习呢？有以下几种方法，一是可以朗诵培训的内容，就像小时候上学一样，朗诵一遍是可以加强认识和记忆的。二是可以一对一练习，让员工与员工之间组成练习小组，现场互相进行提问，以及进行实际操作的模拟练习。三是实操练习，培训人可以监督员工一个一个地轮流进行实操练习。通过这三个练习可以加强员工对培训内容的认识和记忆，这样在日常操作的时候就更容易上手。记住练习的时间要多一些，只有多练才能快速掌握相关技能。

第四步，追踪。培训结束后大家就回到工作岗位了，此时店长就可以对受训的人员进行实操的追踪和提问，追踪相关人员是不是按照培训的方法操作。

如何考核被培训的员工

培训实施完就进入考核阶段。考核可以通过试卷的形式进行，其不要太复杂。每一个工作站应当进行一次考核，一个岗位的所有工作站都培训完以后，就可以进行综合测试，考试成绩可以作为晋升的参考依据之一。

如果有人没有通过考试，可以安排一个月后或和下一批考试人员一起进行补考。

　　请你根据本节所讲的知识制定一份下个月的门店培训规划表，安排不少于四次的培训。

第四章

安全管理：

门店安全风险预防和
应对的方法

第一节　如何避免食品安全问题：
加强门店食品安全管理的核心方法

食品安全问题指的是什么

食品安全问题一直是阻碍餐饮行业发展的一个大问题，食品安全问题的防范是很多餐饮企业非常头痛的一件事情。食品安全问题的防范是指在食品的加工、存储、销售过程中确保食品的卫生及食用方面的安全，降低疾病的隐患，防范食物中毒。

《中华人民共和国食品安全法》第三十四条规定，禁止生产经营下列食品、食品添加剂、食品相关产品：

（一）用非食品原料生产的食品或者添加食品添加剂以外的化学物质和其他可能危害人体健康物质的食品，或者用回收食品作为原料生产的食品；

（二）致病性微生物，农药残留、兽药残留、生物毒素、重金属等污染物质以及其他危害人体健康的物质含量超过食品安全标准限量的食品、食品添加剂、食品相关产品；

（三）用超过保质期的食品原料、食品添加剂生产的食品、食品添加剂；

（四）超范围、超限量使用食品添加剂的食品；

（五）营养成分不符合食品安全标准的专供婴幼儿和其他特定人群的主辅食品；

（六）腐败变质、油脂酸败、霉变生虫、污秽不洁、混有异物、掺假掺杂或者感官性状异常的食品、食品添加剂；

（七）病死、毒死或者死因不明的禽、畜、兽、水产动物肉类及其制品；

（八）未按规定进行检疫或者检疫不合格的肉类，或者未经检验或者检验不合格的肉类制品；

（九）被包装材料、容器、运输工具等污染的食品、食品添加剂；

（十）标注虚假生产日期、保质期或者超过保质期的食品、食品添加剂；

（十一）无标签的预包装食品、食品添加剂；

（十二）国家为防病等特殊需要明令禁止生产经营的食品；

（十三）其他不符合法律、法规或者食品安全标准的食品、食品添加剂、食品相关产品。

食品安全问题的"引发者"

对于餐饮企业来说，食品安全问题引发的风险较大，食品不安全会给顾客带来健康风险，那么食品安全问题的"引发者"是什么呢？餐饮企业的食品安全问题有五类常见的"引发者"。

（1）细菌。这里的细菌是指看不见的对人体有害的微生物，通常源于食材腐烂变质和清洁不彻底。

（2）动物。老鼠、蟑螂、苍蝇、蚊子、果蝇等餐厅中常见的动物身上会传染疾病。

（3）农药。未能清洗干净的蔬菜、瓜果可能残留农药，食用后会引起健康问题。

（4）添加剂。食品当中的有些添加剂对人体有一定的危害。

（5）异物。在菜品生产加工或传递过程中，掉落在菜品当中的各种异物也可能会对人体构成伤害。

会引起食物中毒的细菌通常有以下几种。

（1）沙门氏菌。沙门氏菌是一种常见的食源性致病菌。沙门氏菌主要隐藏在动物的肠道，在水中不易繁殖，但可生存2~3周，在冰箱中可生存3~4个月。沙门氏菌最适繁殖的温度为37℃，在20℃以上即能大量繁殖，因此，低温储存食品是一项重要的预防措施。常见的病菌来源是鸡蛋和家禽，由于交叉污染也会出现在其他很多的食品当中。人类如果感染了沙门氏菌，一般在感染后12~24个小时身体会出现相关症状，如腹泻、腹痛、恶心、呕吐等，并有可能会出现发热或发冷现象，一般在48个小时后症状会减轻。

（2）空肠弯曲菌。禽类是空肠弯曲菌的主要宿主，市场上销售的鸡及其内脏经常被空肠弯曲菌污染，生猪肉、生牛肉和生羊肉也可能被空肠弯曲菌污染。另外，通过动物粪便对水源的污染或人和动物的接触传播，可以使蔬菜、水果、各类熟食品、牛奶等受到空肠弯曲菌的污染，从而引起人的中毒。空肠弯曲菌在外环境下的存活力取决于温度，4℃时在水、粪便、尿、牛奶中可存活几周，25℃时只能存活几天或更短的时间。

（3）产气荚膜梭菌。此类病菌在自然界广泛分布，包括除沙漠外的所有土壤。当被污染的食物被吃下后，病菌将在小肠中生长并产生毒素。肉产品和盛器都会成为这种毒素的良好载体。人类吃了被污染的食品后，一般会在24个小时内出现腹痛、腹泻或呕吐症状，该症状通常会持续一天。

（4）志贺氏菌。这种病菌通过人与人的接触、苍蝇、水和食品传播。食品被志贺氏菌污染，通常与不良的个人卫生、周围卫生环境不佳、食品未能及时烹煮或处于危险温度区域过长有关。其感染症状包括腹泻、腹痛、发烧和呕吐。

（5）葡萄球菌。这种病菌通常寄附在人体（手、鼻孔、伤口、脓肿处等），经常通过食品操作者传染给食品。易成为载体的食品包括家禽肉、蛋类产品、凉菜等。那些制备过程复杂的食品有很大的危险性，带有刀片的机器和其他切割用具也有可能成为污染的来源。尽管加热可以杀死这种病菌，但是其产生的毒性是抗热性的。加热已经产生病菌的食品并不能保证安全。关键的是，该病菌在食品中的毒性不可能通过外观、味道和气味被发觉。对此类病菌最好的预防方法是减少污染。通常在食后2个小时会出现症状，症状包括恶心、呕吐、急性腹痛、腹泻、头痛、虚弱、发冷和发热。病情持续到毒素被排出体内，通常在24个小时内。

（6）大肠埃希氏菌。此类病菌通常存在于热血动物的肠道中。污染源主要是红肉（如牛肉、羊肉等）、奶制品和蔬菜。干净卫生的食品操作是避免污染的基础。其感染症状通常为严重的腹痛、腹泻、脱水和发热。

（7）肝炎病毒。肝炎病毒一般通过粪便和口腔传播，也可以通过污水传播，如污水里生长的贝壳类，以及蔬菜用污水浇灌而成为被污染食品。在餐厅中，最普遍的病毒来源是不良的个人卫生。有些食品由于操作复杂和没有及时烹煮而成为肝炎病毒的载体。在操作食品前正确地洗手和消毒是防止餐厅中肝炎病毒传播的最基本的方法。苍蝇和蟑螂也会传播肝炎病毒。在感染肝炎病毒的开始阶段，非常典型的症状就是严重的呕吐，必须住院治疗，在感染2周后症状通常会减轻。

（8）肉毒梭菌。此类病菌是孢子型病菌，通常存在于土壤中。无论是病菌还是其孢子都是有害的。毒素是一种蛋白质，沸腾数分钟即可被破坏。大多数发生的病例都与食用没有加热的凉菜类及罐头类食品有关。在食用被污染的食品后，中毒的症状将持续12~36个小时。感染一开始的症状为体弱和头晕，并且伴随视线模糊、唾液分泌过多、声音沙哑和特别口渴，严重时会导致横膈膜失去功能，甚至死亡。

（9）致病性链球菌。致病性链球菌在自然界分布较广，广泛存在于水、空气、人和动物粪便及健康人的鼻咽部，很容易对食品产生污染。被污染的食品因烹调加热不彻底，或在加热后又被本菌污染，存放温度较高，存放时间较长，食前未充分加热处理等原因，食后易引起中毒。

（10）单核细胞增多性李斯特菌。李斯特菌属共有7个菌种，引起食物中毒的主要是单核细胞增多性李斯特菌。在土壤、地表水、污水、废水、植物、青储饲料、烂菜中均有该菌存在，所以动物很容易食入该菌，并通过口腔—粪便的途径进行传播。人主要通过食入软奶酪、未充分加热的鸡肉、未再次加热的热狗、鲜牛奶、巴氏消毒奶、冰淇淋、生牛排、羊排、卷心菜色拉、芹菜、西红柿、法式馅饼、冻猪舌等而感染。

动物身上会携带多种危害性病毒。

（1）老鼠。老鼠可传播30多种疾病，常见的有鼠疫、钩端螺旋体病、流行性出血热、恙虫病及沙门氏菌类病等。老鼠为啮齿类动物，牙会不停地生长，需要不停啃咬硬物以磨牙，会损坏食品、器具、建筑。老鼠常在移动中排尿、排便，这些排泄物会落入、吹入及带入食品或食品接触的表面。

（2）蟑螂。蟑螂会导致痢疾、伤寒、哮喘、过敏性哮喘、皮炎等疾病。同时，蟑螂所接触过的地方和其分泌物会引起食品污染。蟑螂会携带多种致病细菌、病毒、原虫、真菌及寄生虫卵，使人致病。

（3）苍蝇。苍蝇常出现在垃圾、动物粪便周围，取食于垃圾、粪便和人类食品，其会污染食品，传播疾病。

（4）蚊子。蚊子隐藏在植物、下水道和阴暗区域，能传播疾病，如疟疾、流行性乙型脑炎、登革热等。

（5）果蝇。果蝇多选择栖息于发酵的水果、蔬菜或装有该类食品的开封容器上。

除此之外，我们在这里为大家列出14种常见的食品添加剂。

（1）香料：常见于糖果及巧克力中，一般有香精油、香精、粉体香料浸膏几种类型。

（2）防腐剂：常用的有苯甲酸、苯甲酸钠、山梨酸、山梨酸钾等。

（3）着色剂：主要从植物组织中提取，但它们的色素含量及稳定性一般不如人工合成的色素。

（4）甜味剂：赋予食品以甜味的添加剂。

（5）膨松剂：常应用于部分糖果和巧克力制品、油炸制品、膨化食品、发酵面制品等中，常用的有碳酸氢钠、碳酸氢铵、复合膨松剂等。

（6）增稠剂：是一类亲水性的高分子化合物，能形成凝胶或提高食品黏度，故亦称为凝胶剂、胶凝剂或乳化稳定剂。

（7）乳化剂：能改进乳脂类食品的口感、外观等。

（8）消泡剂：在食品加工过程中，具有消除和抑制液面气泡的能力，使操作得以顺利进行。

（9）抗结剂：防止粉状或晶体状食品聚集、结块。

（10）着色剂：促进人们的食欲，提高食品的商品价值而使食品着色的一类食品添加剂。

（11）抗氧化剂：防止和延缓食品表面被氧化变质的一类食品添加剂。

（12）组织改良剂：通过保水、黏结、增塑、稠化和改善流变性能等作用而改进食品外观或触感的一种食品添加剂。

（13）面粉改良剂：提高面粉质量的一类添加剂，可以提高出品率，提高面粉精白度和筋力。

（14）酸度调节剂：调节和改善食品的香味效果，尤其是水果型的制品，常用的有柠檬酸、酒石酸、乳酸、苹果酸。

这14种添加剂是国家允许使用的，但是如果添加剂使用过多或者配比不合理，也会对人身安全、食品安全造成风险，所以餐饮企业应谨慎使用添加剂。

如何预防食品安全问题

要想预防食品安全问题，就要明确以下问题的答案。

（1）发生食品安全问题的环节有哪些？

（2）发生食品安全问题的原因是什么？

（3）预防食品安全问题的措施有哪些？

食品安全问题的预防包括以下三点：

（1）食材从餐厅外部到厨房，再到顾客桌上的整个流程的风险预防；

（2）日常的基本安全知识的了解，如保质期等；

（3）日常的检查和培训。

表4-1清晰地描绘了食品生产环节及其食品安全问题预防措施。

在整个食品安全管理工作中，店长需要用到"食品安全检查表""收验货标准表""食品安全保质期表"等配套表单。这些表单的使用时间是不一样的，"食品安全检查表"通常是每月使用一次，主要用于进行全方位的检查；"收验货标准表"通常在每天收货的时候使用。"食品安全保质期表"是每天在进行冰箱、库房管理和整理时使用的参考表格。

表4-2是一份食品安全检查表示例。

店长在检查厨房的食品安全时，要一个岗位一个岗位地检查。只有这样才能对所有岗位的食品安全进行相应的评估。如果发现问题，一定要在"检查记录"一列予以记录。表4-2是一张简表，供参考，大家在使用的时候需要结合企业的实际情况进行调整，制作符合企业实际的"食品安全检查表"。

表4-3是一份收验货标准表示例。表中列出了对厨房所有食品原材料进行收货和验货时的评估标准。

表4-1　食品生产环节及其食品安全问题预防措施

事项	市场采购	运输配送	货物验收	食品储存	清洗加工	烹饪生产	出品上餐	外卖安全
可能引发食品安全问题的环节	1. 未索证索票 2. 采购不明来源的食物 3. 未检查食材是否新鲜和是否在市场上 4. 未在市场上先消毒	1. 食材存放器具未封闭，导致异物落入或污染 2. 未用封闭运输货车 3. 冷藏冷冻货品未做保温消毒	1. 未认真验收货物的质量是否合格 2. 未及时把货物放到冰箱、水池、库房等指定存放位置	1. 未先进先出 2. 未生熟分开 3. 未按SOC手册要求在低峰期结束后回收食材，导致变质	1. 清洗食材未消毒杀菌 2. 清洁环境不卫生 3. 加工的清洗工具器具不卫生	1. 烹饪时没有充分制熟 2. 烹饪使用的器具、设备不干净 3. 烹饪时食物掉落在外，染上细菌	1. 装盘时餐具不洁净 2. 上餐时异物掉落 3. 上餐时食物掉落	1. 外卖包装不紧密，导致食物遗撒 2. 包装袋不密，导致异物进入或食物被二次打开 3. 餐具不洁净
预防方法	1. 索要证票 2. 不采购不明来源的食物 3. 检查是否新鲜和是否变质腐烂 4. 上车之前先喷酒精消毒水消毒	1. 使用封闭式周转箱或采购箱 2. 携带保温箱或添加冰块保温	1. 收货员严格按照指定的收货标准验收货物；厨师长进行每日检查 2. 及时放置食材，厨师长进行检查	1. 做好先进先出分类摆放 2. 将冰箱分类，生熟冰箱分开放置 3. 按照SOC标准执行收辅流程 4. 管理组定期检查食品储存	1. 使用消毒液清洗 2. 清洗前将地面冲干净 3. 将清洗工具和加工工具消毒浸泡	1. 充分制熟 2. 按照SOC标准，在规定的时间清洁器具 3. 废弃不再使用	1. 各岗位领取餐具后，擦拭干净 2. 上餐前注意检查食品 3. 食物掉落不再使用	1. 包装需严密，如使用包装盒或保鲜膜封裹 2. 包装袋贴封条，打开作废 3. 打包餐具检查后再使用
预防条件	1. 采购员有检查是否变质的能力 2. 携带变质后的消毒喷雾	购买式封闭、加盖的周转箱或采购箱	1. 有制定好的"原料验收表" 2. 对收货员进行培训、考核 3. 厨师长做货物验收存放检查 4. 运营人员对厨师长检查	1. 需要有进先出的颜色标志和日期标签分类的办法 2. 配套足够的冰箱 3. 制定厨房的岗位SOC手册 4. 制定食品安全检查表	1. 需要有消毒液，并且按比例配置好 2. 制定清洁工的流程标准	1. 需要有SOP表，指导烹饪 2. 需要有SOC手册指导岗位流程规范 3. 使用"废弃写废弃表"填写废弃食材	需要有岗位SOC手册进行流程规范	需要SOC手册做流程和标准指导

表4-2 食品安全检查表示例

检查评分说明：以下检查内容，分为4级评分，很好=3分，一般=2分，较差=1分，很差=0分
请对食品安全情况进行打分，得分换算成百分制之后，60分以下为很差，60~80分为一般，80~90分为良好，90分以上为优秀
根据岗位定制符合岗位特点的检查表，管理组每个月全面检查一次

检查日期：

检查项目	检查明细	标准	检查结果				检查记录
个人清洁项目	指甲、头发、衣服	无长指甲	□很好	□一般	□较差	□很差	
		佩戴手套	□很好	□一般	□较差	□很差	
		头发无油垢	□很好	□一般	□较差	□很差	
		佩戴帽子	□很好	□一般	□较差	□很差	
		衣服整洁无污渍	□很好	□一般	□较差	□很差	
卫生操作项目	进门洗换	按标准着装工服、工鞋	□很好	□一般	□较差	□很差	
		按标准清洗双手	□很好	□一般	□较差	□很差	
食品保质期提问	至少提问3个	能够准确回答质期和储存条件	□很好	□一般	□较差	□很差	
保质期项目	对冰箱货物、调料、常温货物做检查，对设备备保存条件做检查	无发现食品过期变质现象	□很好	□一般	□较差	□很差	
		无冰箱温度显示不准确现象	□很好	□一般	□较差	□很差	
		冰箱内部储存不混乱	□很好	□一般	□较差	□很差	
		货架通风/保温/保湿/保温效果好	□很好	□一般	□较差	□很差	
		货架/库房存储空间内部不脏乱	□很好	□一般	□较差	□很差	
器具项目	对餐具做检查	该岗位餐具清洁无污渍	□很好	□一般	□较差	□很差	
	对厨具做检查	该岗位厨具，包括刀具、砧板清洁无污渍	□很好	□一般	□较差	□很差	
其他项目							
分数合计							

表 4-3　收验货标准表示例

请按照以下食材的验收标准进行验收，如果厨师长检查发现没有按照此表验收货，则每发现一个问题，做出一次处罚，单次处罚 2~5 元

验收食材	验收标准	不合格照片	合格照片
土豆	1. 新鲜，无破皮，无坏点，表面光滑且大小均匀，尽量选椭圆形土豆 2. 不要选择有芽或绿色的土豆		
菜花			
五花肉条			
猪排骨			

"收验货标准表"包括验收食材、验收标准、不合格照片和合格照片四项内容。厨房中的每一种食材都应该有相应的验收标准和验收照片，店长应将其打印出来张贴在验收货物的地方，以供参考。

表4-4是一份食品保质期表示例。"食品保质期表"非常重要，它可以是分岗位的，也可以是针对全部厨房岗位的，因为每一种原材料都有可能在所有厨房岗位中用到。

表4-4　食品保质期表示例

请按照以下标准，对食材进行储存和使用，若厨师长检查发现以下原料及菜品的保存不符合保质条件或已经出现过期变质现象，则每一个问题给予5~10元的处罚			
食材 / 调料 / 菜品名称	储存温度和其他条件	保质时间	变质描述
土豆原材料	常温储存，置放在货架上，不可潮湿，储存温度15℃~30℃	30天	若发生变质，则会腐烂、发黑、长白毛（霉菌）或长芽
削皮土豆	泡在水中保存，水必须清澈，水温常温，储存温度4℃~20℃	3天	若发生变质，则土豆长霉斑、发软，有微酸味
五花肉条	冷冻储存，置放在冷冻冰箱，储存温度-17℃~-4℃	30天	若发生变质，则会长霉斑、肉和皮发黏，闻起来有臭味
1号调味汁	常温储存，放在调料缸或调料盒中，必须蒙上保鲜膜，储存温度4℃~20℃	2天	若变质则味汁会发出馊味，必须倒掉且清洗调料缸或调料盒

"食品保质期表"包括食材 / 调料 / 菜品名称、储存温度和其他条件、保质时间、变质描述四项内容。这四项内容仅做参考，在实际操作中厨师长可以根据经验进行调整。制作该表后，餐饮店长要将其粘贴在对应的岗位，或者和岗位SOP手册放在一起，这样可以有效地帮助各岗位人员杜绝食品安全问题。以上是预防和检查食品安全问题的一些方法和工具。

如果门店当中发生了食品安全事故，店长该如何处理？

店长应该根据不同的事故，采取不同的应对措施。

（1）致命问题。如果由于食用了问题食材，导致顾客生命受到威胁，店长应立即拨打120或用车辆将患者送往医院。由食品安全问题导致的致命事故并不常见，是餐饮企业必须杜绝的风险。

（2）受伤问题。由食品造成的受伤问题如吃到玻璃碴、钢丝球，造成顾客流血或干呕等。此时，店长应观察具体情况，采取紧急处理，如果比较严重，必须立即拨打120或送医。

（3）身体不适问题。由食品造成的身体不适问题如肠胃不适、脸色苍白、干呕等。店长应在门店常备对症药品。如发生这类情况，应积极提供关怀，沟通后送医。

（4）心理不适问题。很多食品安全问题会导致顾客的心理不适。例如，顾客在盘里发现一只蟑螂，其心理上会感觉非常不适。此时店长一定要非常诚恳地向顾客道歉，予以安抚，并提供解决方案，比如免单、给予多倍的消费金额赔偿等。

发生食品安全问题，需要送医的，店长应按以下流程处理。

（1）拨打120。店长在拨打120时应打开手机电话录音；如开车或打车送往医院，最好去指定医院。

（2）说清地点。在拨打120时，店长应明确告知其餐厅的名称和具体位置，最好提供一个地标作为参考。

（3）说清情况。在拨打120时，店长应明确告知患者的人数及年龄，以及患者的发病原因和具体症状。

（4）应急处理。店长应询问对方何时到达，并请教应急处理办法。

（5）派人引导。店长应安排人员去路口等待救护车辆，引导其到门店。

（6）立即汇报。店长应立即向公司汇报，并确定处理流程。

（7）申请费用。店长应向公司申请一笔紧急费用，用于前期的就医支出，并保留全部票据以核对报销。

（8）陪同就医。店长应安排主管及以上级别人员陪同顾客去医院就医，且应先支付就医费用，直到顾客离开。必要时，对整个陪同及就医过程进行录音或录像。

（9）关心关怀。在整个过程中，店长应根据需要准备水、点心、营养品等，表达门店解决问题的诚意。

课后作业

根据本节所讲知识，结合门店的实际情况制作一份"食品安全检查表"，进行一次门店食品安全问题的检查。

请完成一张针对门店厨房某个岗位的"食品保质期表"。

第二节　如何避免消防安全问题：
火灾的预防及应急措施

造成消防安全事故的原因

在餐厅中因用电、用火等引起的安全事故就是消防安全事故。其他行业对于明火、燃气、电路的使用并不像餐饮企业那么高频。餐饮企业除了要重视自身的食品安全以外，还要重视和防范消防安全事故的发生。造成消防安全事故的原因包括以下几个方面。

（1）天然气泄漏。很多餐厅都会使用天然气，还有一些餐厅使用罐装液化气，其都存在一定的泄漏风险。

（2）电路引燃。电路短路可能会导致电线起火，引起比较严重的燃烧事故。

（3）炭火酒精引燃。餐厅中多多少少都会用到酒精，有的餐厅可能还会用到炭火，这些都容易引发火情。

（4）抽烟引燃。在餐厅中，因抽烟引起的火灾事故不胜枚举，这也是相关人员应该加强防范的。

下面我们分析一下燃气泄漏的七种常见原因。

第一个原因：燃气胶管破损、脱落导致燃气泄漏。

约有30%的燃气泄漏事件都是由胶管破损、脱落引起的，具体包括胶管超期使用，老化龟裂；使用易腐蚀、老化的劣质胶管；相关人员疏于防范，使胶管被老鼠咬坏、尖锐物体刮坏等。

第二个原因：燃气表损坏导致燃气泄漏。

燃气表损坏漏气通常是因为超期使用导致其内部构件老化，从而造成燃气渗漏。

第三个原因：使用不当导致燃气泄漏。

厨房工作人员在使用燃气灶时，如果风门没调好，进空气口太大，或者打火触点堆积污垢、微动开关失灵、管道堵塞、点火针位置不当等都有可能引起燃气泄漏。

第四个原因：锅内液体溢出，浇灭正在燃烧的火焰，导致燃气泄漏。

有的时候锅里的汤水溢出会把灶台的火给浇灭，如果不及时关闭燃气灶就会不断泄漏燃气，造成危险。

第五个原因：忘关燃气阀门导致燃气泄漏。

第六个原因：燃气阀门接口损坏导致燃气泄漏。

第七个原因：私改燃气管线导致燃气泄漏。

电路引起火灾的常见原因如下。

第一个原因：线路短路。

线路短路常见的情况是由于输电线路、电插板使用时间过久，绝缘层老化、脱皮、破裂，失去绝缘作用导致短路，或者由于乱拉电线，使电线受损或线路交叉短路。一旦电线燃烧，将会引燃墙壁和装饰物上的易燃材料，从而导致发生火情。

第二个原因：接触不良。

由于电线接头接触不良造成发热起火的情况也很常见。其包括保险丝、插座插头、设备插孔等接触不良或潮湿等。店长应定期对电路进行检查。

第三个原因：线路超负荷。

用电设备过多时也会容易造成短路并引发火灾。

第四个原因：线路漏电。

由于电线的绝缘效果不好或者绝缘材料的绝缘效果不佳，导致电线漏电，若遇到易燃物，就可能会引起火灾。

日常的消防安全预防措施

店长应该从以下方面加强消防安全管理。

（1）制定消防安全教育、培训制度。店长应每年以创办消防知识宣传栏、开展知识竞赛等多种形式，提高全体员工的消防安全意识；定期组织员工学习消防法规和各项规章制度，做到依法治火。

（2）针对岗位特点进行消防安全教育培训；对消防设施维护保养和使用人员应进行实地演示和培训；对新员工进行岗前消防培训，经考试合格后方可上岗；员工因工作需要换岗，在换岗前必须进行再教育培训；消控中心等特殊岗位要进行专业培训，经考试合格，持证上岗。

（3）制定防火巡查、检查制度。店长应落实逐级消防安全责任制和岗位消防安全责任制，落实巡查检查制度；每日对餐厅进行防火巡查，每月进行一次防火检查并复查追踪和改善情况；如果在检查中发现火灾隐患，检查人员应填写防火检查记录，并按照规定，要求有关人员在记录上签名；检查部门应将检查情况及时通知受检部门，各部门负责人应了解每日消防安全检查情况通知，若发现本单位存在火灾隐患，应及时整改；对检查中发现的火灾隐患未按规定时间及时整改的，根据奖惩制度给予处罚。表4-5是一份消防安全月检表示例，仅供参考。

（4）制定安全疏散设施管理制度。餐厅应保持疏散通道、安全出口畅通，严禁占用疏散通道，严禁在安全出口或疏散通道上安装栅栏等影响疏散的障碍物；应按规范设置符合国家规定的消防安全疏散指示标志和应急照明设施；应保持防火门、消防安全疏散指示标志、应急照明、机械排烟送风、火灾事故广播等设施处于正常状态，并定期组织检查、测试、维护和保养；严禁在营业或工作期间将安全出口上锁；严禁在营业或工作期间将安全疏散指示标志关闭、遮挡或覆盖。

（5）制定消防控制中心管理制度。餐厅所有员工应熟悉并掌握各类消防设施的使用性能，保证扑救火灾过程中操作有序、准确迅速；做好消防值班记录和交接班记录，处理消防报警电话；按时交接班，做好值班记录、设备情况、事故处理等情况的交接手续，如无交接班手续，值班人员不得擅自离岗；发现设备故障时，应及时报告，并通知有关部门及时修复；非工作所需，不得使用消防控制中心内线电话，非消防控制中心值班人员禁止进入值班室；上班时间不准在消防控制中心抽烟、睡觉、看报等，离岗应做好交接班手续；发现火灾时，迅速按灭火作战预案紧急处理，并拨打

表 4-5　消防安全月检表示例

检查门店：　　　　　检查人：　　　　　检查时间：

检查项目	检查内容	所属部门/岗位	数量	正常	检查说明
火灾报警系统	烟感火灾探测器、手动报警按钮是否正常				
	火灾报警装置外观是否完好，是否堵塞、阻碍				
消火栓灭火系统	室内消火栓				
	消防水袋是否齐备				
	卷盘外观及配件是否完整				
自动喷淋灭火系统	喷头外观及距周边障碍物或保护对象的距离				
	报警阀组外观、排水设施状况、压力显示值				
防烟、排烟系统	送风阀外观				
	送风机及控制柜外观及工作状态				
	排烟窗、自然排烟设施外观				
	排烟机及控制柜外观及工作状况				
应急照明和疏散指示标志	应急灯具外观、工作状态				
	疏散指示标志外观、工作状态				
	应急照明灯具、疏散指示灯及标志灯外观、工作状况				
应急广播系统	扬声器外观				
	功放、卡座、分配盘外观及工作状态				

（续表）

检查项目	检查内容	所属部门／岗位	检查结果		检查说明
			数量	正常	
煤气房设施	防爆窗是否正常				
	防爆门是否正常				
	防爆灯是否正常				
	是否有警告提示牌				
灭火器设施	灭火器外观				
	设置位置状况				
	灭火器共有_____个				
灭火毯设施	厨房灭火毯是否齐全，共_____条，是否可以正常使用				
消防安全知识培训	门店是否每月开展一次消防安全培训				
其他设施					
门店消防安全管理小组负责人（签名）					

注：1. 情况正常打"√"，存在问题或故障的打"×"，填写"故障及处理"栏中相关内容；

2. 对发现的问题和故障应及时处理，当场不能处理的，事后要进行及时处理；

3. 本表为门店自检表，门店可根据自己的消防设施实际情况和巡查时间每月安排一次，将检查结果填在此表中。

119 电话通知消防部门并报告部门主管。

（6）制定消防设施、器材维护管理制度。消防设施日常使用管理由专职管理员负责，专职管理员每日检查消防设施的使用状况，保持设施整洁、卫生、完好；消防设施及消防设备的技术性能的维修保养和定期技术检测由消防工作归口管理部门负责，设专职管理员每日按时检查了解消防设备的运行情况，查看运行记录，听取值班人员意见，发现异常及时安排维修，使设备保持完好的技术状态；定期测试消防设施和消防设备。

（7）制定火灾隐患整改制度。各部门对存在的火灾隐患应当及时予以消除；在防火安全检查中，应对所发现的火灾隐患进行逐项登记，并将隐患情况书面下发各部门限期整改，同时要做好隐患整改情况记录；在火灾隐患未消除前，各部门应当落实防范措施，确保隐患整改期间的消防安全，对确无能力解决的重大火灾隐患应当提出解决方案，及时向单位消防安全责任人报告，并向单位上级主管部门或当地政府报告；对消防机构责令限期改正的火灾隐患，应当在规定的期限内改正并写出隐患整改的复函，报送消防机构。

（8）制定用火、用电安全管理制度。严禁随意拉设电线，严禁超负荷用电；电气线路、设备安装应由持证电工负责；各部门下班后，该关闭的电源应予以关闭；禁止私用电热棒、电炉等大功率电器；严格执行动火审批制度，确需动火作业时，作业单位应按规定向消防工作归口管理部门申请"动火许可证"；动火作业前应清除动火点附近 5 米区域范围内的易燃易爆危险物品或作适当的安全隔离，并向保卫部借取适当种类、数量的灭火器材随时备用，结束作业后应即时归还，若有动用应如实报告。

（9）制定易燃易爆危险物品和场所防火防爆制度。易燃易爆危险物品应有专用的库房，配备必要的消防器材设施，仓管人员必须由消防安全培训合格的人员担任；易燃易爆危险物品应分类、分项储存，化学性质相抵触或灭火方法不同的易燃易爆化学物品，应分库存放；易燃易爆危险物品入库前应经检验部门检验，出入库应进行登记；库存物品应当分类、分垛储存；易燃易爆危险物品存取应按安全操作规程执行，仓库工作人员应坚守岗位，非工作人员不得随意入内；易燃易爆场所应根据消防规范要求采取防火防爆措施并做好防火防爆设施的维护保养工作。

（10）制定灭火和应急疏散预案演练制度。门店店长应制定符合本单位实际情况的灭火和应急疏散预案；组织全员学习和熟悉灭火和应急疏散预案；应按制定的预案，至少每半年进行一次演练。演练结束后应召开讲评会，认真总结预案演练的情况，发现不足之处应及时修改和完善预案。

（11）制定消防安全工作考评和奖惩制度。门店店长应对消防安全工作做出成绩的人员，予以表扬或物质奖励；对造成消防安全事故的责任人，将依据所造成后果的严重性予以不同的处理，除已达到依照国家《治安管理处罚条例》或已够追究刑事责任的事故责任人将依法移送国家有关部门处理外，应根据本单位的规定对不当行为予以处罚。

课后作业

请你根据本节所讲知识，制作一张门店的"消防安全检查表"，并进行一次门店的消防安全检查，将发现的问题写在检查表中。

第三节　如何应对人员受伤及财物受损：门店人身安全及财产安全的管理方法

除了食品安全、消防安全，店长在经营门店的过程中还要注意人身安全及财产安全。店长必须为员工提供一个安全的工作和生产环境。通常来说，员工面临的安全事故大多是由其疏忽大意造成的，因此在繁忙的工作中，如果不重视安全事故的预防，跌伤、摔伤、切伤、烫伤和火灾等事故极易发生。店长必须督促员工掌握各种安全事故的预防及处理措施，尽最大能力确保员工的人身安全。财产安全包括餐厅的财产安全、员工的财产安全和顾客的财产安全。

如何保证门店的人身安全

（1）预防跌伤、摔伤、撞伤。一般来说，餐厅中的厨房通道、餐厅的过道和门口处是跌伤、摔伤、撞伤的多发地，因此，店长应该在相应位置安装充足的照明设备和充分的防滑措施及友情提醒等，督促员工保持地面干净，及时清理地面水渍、油渍等。餐厅应常备急救药箱，在发生跌伤、摔伤、撞伤时，做必要的处理，而后视情况将伤者送往医院。

（2）预防切伤。切伤主要是由员工在工作时精神不集中，工作姿势或者工作程序不正确，刀具钝或者刀柄滑，作业区光线不足或刀具摆放的位置不正确，切割设备没有安全防护装置等原因引起的。店长应该经常对员工进行培训，提醒其刀具是处理食材的工具，绝不能拿来打闹，在切割食材时要集中注意力，并使用正确的切割姿势，按照规定的程序操作等。一旦发生切伤事故，可采用压迫止血法、止血点指压法、止血带止血法等方法止血。如果是小伤口，用清水或生理盐水稍微冲洗后再用干净的纱布包扎一下即可。

（3）预防烫伤。烫伤主要是由员工工作时粗心造成的。在日常工作中，由于非常忙碌，员工很容易接触热锅、热锅柄、热油、热汤汁和蒸汽等，从而造成烫伤。店长应加强员工的安全意识培训，提醒其使用热水器的开关时应小心谨慎，不要将容器内的开水装得过满，经常检查蒸汽管道和阀门，防止出现漏气伤人事故。如发生烫伤情况，应让伤者迅速避开热源；在水龙头下用冷水持续冲洗伤处，或将伤处置于盛冷水的容器中浸泡，持续30分钟，以脱离冷源后疼痛显著减轻为准；将覆盖在伤处的衣裤剪开，以避免皮肤损伤变重；创面不要涂抹红药水、紫药水等有色药液，以免影响医生对烫伤深度的判断，也不要用碱面、牙膏等乱敷，以免造成感染。如果伤者烫伤严重，应将其送往医院接受医生的治疗。

（4）预防扭伤。餐厅员工在搬运过重物体或者使用不正确的搬运方法搬运物品的过程中，可能会出现腰部或者四肢扭伤的情况。店长应该提醒员工在搬运物品时量力而行，使用正确的搬运姿势，可以使用推车等减少人力损耗。

（5）预防电击伤。一般来说，餐厅员工受电击伤害的可能性不大，但其危害却很大，应当予以特别关注。电击伤发生的主要原因是厨房设备老化、电线有破损处或者接线点处理不当、湿手接触电器设备等。店长应该定期检查相应设备和电路情况，在容易发生触电事故的地方做上标记，以提醒员工注意。若发生电击情况，相关人员应立即切断总电源，使伤者脱离电源，视情况实施心肺复苏，而后包扎电烧伤伤口，将伤者迅速送往医院。

如何保证门店的财产安全

首先，现金安全。 一般来说，餐厅的每日营业额会有一部分以现金的形式收取，这就会发生被偷、被抢等情况。这就要求相关人员按照要求及时将现金收入存入银行，减小被偷、被抢风险。当然，随着线上收款方式的普及，以现金形式收取的餐费会越来越少，这方面的风险也会逐步降低。

其次，食材安全。 除了现金，餐厅运营中的珍贵食材也是容易发生损失的重要方面。一些高端餐饮企业的某些食材相对来说比较珍贵，如一些顶级的酒水、顶尖的火腿、顶尖的生蚝、顶尖的鲍鱼等。这些食材也是非常重要的财产，如果保存不当或者被员工偷拿，也会造成不小的损失，店长应该对其加强管控。店长可以加强监督和管控，实行重要食材多人负责制，同时使用加锁的冰箱保存，以防止丢失。

最后，固定资产安全。 餐厅的固定资产包括电视、电脑、桌椅和挂在墙上的字画及装饰品等。固定资产的非正常损耗直接关系着餐厅的经营效益。店长可以采取安装监控等措施，加强对固定资产的管控。

店长可以使用"员工岗位安全责任书"（如下所示）、"门店安全事故报告"（如表 4-6 所示）等配套工具来保障门店的安全生产。"员工岗位安全责任书"是在员工入职的时候签订的。"门店安全事故报告"是在发生安全事故后，用于记录事故的过程及处理情况的实用工具。

员工岗位安全责任书

劳动安全是确保员工完成本职工作最基础也是最为重要的因素之一。严格遵守安全制度是确保每一位员工个人利益和工作顺利完成的

重要前提条件。公司制定本责任书旨在保护每位员工的个人利益和公司利益，避免员工和公司受到伤害与不良影响。

1. 公司所有员工必须严格遵守国家各项法律法规，无论公司内外，凡违反相关法律法规造成的一切后果由当事人自行承担。

2. 公司所有员工在职期间必须严格执行公司规定的各项安全操作要求。

3. 公司所有员工必须无条件接受公司或管理人员进行的各类安全培训，员工必须严格执行培训内容和规定要求。

4. 公司所有员工在工作中发现存在安全隐患时，有义务和责任告知当事人或负责人，以预防安全事件的发生或将安全事件所造成的损失程度降至最低。

5. 接受安全培训后的员工如被发现仍未能按照培训要求和安全制度工作，管理人员有权对当事人进行经济处罚，由于违反安全制度和操作程序给企业和个人造成的损失，当事人应承担由此造成的一切责任。

6. 员工在本公司任职期间本责任书有效。

上述内容本人已阅读并且知晓，愿自觉遵守执行上述内容，如违反上述内容由本人承担责任。

员工确认签字并按手印：_____　　签字日期：_____

表 4-6　门店安全事故报告

餐厅信息栏：	顾客 / 员工信息栏：
餐厅编号 / 名称：_____ 事件发生日期：_____ 餐厅店长：_____	姓名：_____ 电话：_____ 地址：_____

事件种类（请在方框中打"√"进行选择）

□食品安全事故　□消防安全事故　□人身安全事故　□财产安全事故　□顾客投诉事件

事件经过描述：

门店处理结果（店长填写）：

公司处理意见（运营负责人填写）：

签字 / 审核栏

餐厅店长：　　　　　日期：	运营负责人：　　　　　日期：

课后作业

　　根据本节所讲知识，以门店发生的真实案例为准，填写一份"门店安全事故报告"。

第四节　如何处理顾客投诉：解决顾客投诉，平息顾客不满，使顾客满意

　　餐厅管理一般包括安全管理和危机管理。前面介绍的食品安全、消防安全、人身安全和财产安全都是安全管理的重要内容。危机管理主要是指对可能会影响企业声誉的舆论问题的管理。危机问题可能会对餐厅的品牌造成负面影响。顾客与餐厅之间的矛盾一般属于危机问题。

　　在餐厅的日常运营过程中，顾客投诉时有发生。所谓顾客投诉是指顾客由于对产品质量或服务上的不满意而提出的书面或口头上的异议、抗议、索赔和要求解决问题等行为。例如，顾客在产品中发现了毛发、异物或昆虫，或者感觉服务人员态度不好，都可能会向门店店长或者门店管理人员投诉。

了解顾客为什么会投诉

　　顾客投诉通常源于菜品问题、服务问题和环境问题。

　　（1）菜品问题通常包含以下四个方面。

　　推荐介绍方面的问题。其包括服务员不会推荐引起顾客不满，或者介绍错误误导顾客点单。

有些顾客到店后，希望服务员推荐一些特色菜，如果服务员不太了解菜品的具体情况，就可能会引起顾客不满。有些时候还存在服务员对菜品介绍错误误导顾客点单的情况。

下单失误方面的问题。其包括下错单、漏下单、下错桌、下单慢、下错菜品要求等。下错单就是顾客点了 A 菜，下成了 B 菜。漏下单就是顾客点了 12 道菜，只下了 10 道菜，另外两道菜没有下单。下错桌就是下错桌号，C 桌点的菜下到了 B 桌。下单慢就是顾客点完单后没有及时下单，导致上菜延误。下错菜品就是顾客强调菜品不要葱、香菜等，服务员在备注的时候出现了错误。这些都会导致顾客投诉。

上菜失误的问题。其包括上菜慢、上错菜、上错桌等。上菜慢了顾客肯定不满意。上错菜就是顾客点的酸辣土豆丝，却上了个青椒土豆丝。上错桌就是把 A 桌的菜上到了 B 桌，A 桌和 B 桌的顾客都会不满意，从而导致投诉。

菜品质量问题。菜品质量问题包括顾客要求菜品的口味偏咸一点，却做淡了；顾客要求菜品做得嫩一点，却做老了；再有就是菜品中出现异物，如在菜里面出现橡皮筋、纸、虫子、牙签等。菜品质量出现问题肯定会让顾客不满，从而导致投诉。

（2）服务问题通常包含以下四个方面。

服务态度问题。服务员态度恶劣、冷淡，在顾客询问菜品情况时也爱答不理，这些就是服务态度问题。再有就是服务员在工作中非常情绪化，顾客说他两句就跟顾客顶撞。这样的服务态度没有几个顾客能够接受，一定会遭到投诉。

服务流程问题。举个例子，服务员应该在顾客结账或点菜的时候，先询问顾客："您好，您有什么优惠券吗？需要提前出示一下。"如果等到顾客结账后才告知，肯定会遭到顾客的投诉。

结账问题。不管是误结算了其他桌的账还是算错数额，都会引起顾客的不满。

接待问题。顾客进入餐厅后没有人理他，没有人为他安排座位，也没有人给他点菜，这些都是典型的接待问题，这类问题也会引起顾客投诉。

（3）环境问题通常包含以下四个方面。

声音、光线、温度问题。店内太嘈杂、光线过于刺眼、温度不适合（太热或太冷）等都会引起顾客的投诉。

脏乱差问题。桌面非常脏、地面非常湿滑、厕所脏乱、垃圾太多，这些都是典型的脏乱差问题。另外，餐具不干净也属于脏乱差问题。这些问题都会导致顾客的投诉。

设施设备问题。门窗关不上、房间隔音不好、空调不制冷、椅子坐上去来回摇晃、桌子不稳当，这些都属于设施设备问题。

蚊虫问题。如果顾客坐在屋内被蚊虫叮咬，以及有蟑螂、老鼠在桌子上、窗台上、墙面上出没，也都可能会引起顾客的投诉。

顾客投诉的预防措施

为了避免顾客投诉，店长应针对这些问题制定相应的预防措施。在处理顾客投诉的过程中，店长切忌上来就以打折的方式解决问题，引起投诉的原因不同，顾客期望的解决途径也不同，并不是所有问题都可以通过打折来解决。所以，了解投诉原因然后对症下药十分必要。店长需要针对引起投诉的原因采取不同的策略。

（1）对于菜品，店长需要做到以下几点。

推荐介绍。店长应在日常工作中就菜品介绍和点菜技能等方面对新员工进行培训。当新员工入职后，应在第一周内对新员工进行培训，让新员工了解菜品，比如哪些是招牌菜，以及这些菜品都有什么特色、大致的分量和上菜的速度。先让新员工掌握销量最好的前10道菜就可以了，这足以让顾客对点菜过程表示满意，更多关于菜品的知识需要新员工在工作中持续地积累。

加强核对及检查，解决下单失误问题。顾客点完菜以后，服务员要与顾客就所点菜品进行核对，这样可以防止下单失误。管理组在高峰期检查的时候一定要检查餐桌上面的菜品，查看哪些菜品没有上齐，并与顾客进行核对。

多岗位协作，避免上错菜品的情况。上菜人员在上菜的时候一定要核对桌上的小票，核对清楚之后再上菜，这样可以有效地避免菜品上错的问题。同时，管理组在检查每张餐桌的菜品时要仔细核对，这在一定程度上可以帮助上菜人员，避免其上错菜。

对于菜品质量问题，店长应督促厨师长加强对亨任技术的培训。

（2）对于服务问题，店长需要做到以下几点。

端正员工态度。店长应在日常工作中对员工进行心理上的开导。看到员工不开心，店长应该与员工多交流、多谈心，让他们在遇到问题的时候能够不把情绪带到工作当中。同时，还要加强员工对职业精神的认识和要求。

梳理服务流程。店长应梳理服务流程，并对员工进行培训。例如，要先上凉菜再上热菜，在顾客结账前应提前核对顾客的会员身份并推荐优惠策略。

避免结账问题。店长应对收银员和服务员的结账流程进行相关培训和监督，以保证结账环节不出问题。

营造良好的就餐环境。在装修时，店长一定要让相关人员调试好灯光的位置和亮度，同时在播放音乐时应调试音量，以满足顾客对声量的要求。店长应在餐厅不同的区域或角落分别挂上温度计和湿度计，监控餐厅的温度和湿度，并采取措施保证餐厅的温度和湿度适合就餐。

除此之外，为了避免出现脏乱差问题，店长需要安排好每天的餐前清洁工作，并由管理组做好监督和检查工作。店长还应组织相关人员对设施设备进行餐前的开启检查，确保电视、空调、照明灯、电风扇、音箱等能够正常运行。在做开启检查时，如果发现设施设备有损坏，要立即联系相关人员进行维修，以防止顾客投诉。

对于蚊虫问题，店长应确保门店有相关人员负责持续清理绿植，并对绿植根部进行消毒和杀虫，防止产生蚊虫。管理好门窗和纱窗，有漏缝或破损的地方要及时修补，另外要定期联系杀虫公司进行杀虫并留好消杀记录。

总体来说，针对菜品、服务和环境问题，店长要做的工作一是安排员工负责相应的工作，二是对所有员工进行相关培训，三是进行监督和检查。这三点就是顾客投诉的基本预防措施。如果这些预防措施并没有让顾客满意，产生了相应的投诉，那么应该采取什么样的方式来解决顾客投诉呢？概括来说，客诉处理流程主要分为五步：第一步，聆听抱怨；第二步，真诚道歉；第三步，解决问题；第四步，总结经验；第五步，对顾客的意见和本次顾客投诉的处理过程进行记录，以作为之后员工培训的参考资料。

表4-7是一份门店顾客投诉报告示例，仅供参考。

表 4-7　门店顾客投诉报告示例

餐厅信息栏：	顾客 / 员工信息栏：
餐厅编号 / 名称：_____ 事件发生日期：_____ 餐厅店长：_____	姓名：_____ 电话：_____ 地址：_____
事件种类（请在方框中打"√"进行选择）	
□菜品问题投诉　□服务问题投诉　□环境问题投诉　□其他问题投诉	
事件经过描述：	
门店处理结果（店长填写）：	
公司处理意见（运营负责人填写）：	
签字 / 审核栏	
餐厅店长：　　　　日期：	运营负责人：　　　　日期：

课后作业

课后作业

　　请你根据本节所讲内容，填写一份门店顾客投诉报告，写清楚顾客投诉的处理流程和处理方法。

第五节　了解门店需要遵循的监管要求

　　餐饮门店的上级管理机关有很多，其经常会对门店进行相关的管理和检查。如果是街边门店，难免要与这些管理机关打交道；如果开在商场，通常商场会有商管部，它们会充分配合上级管理机关的工作。但为了商场的安全稳定发展，商场的商管部对进驻餐厅的管理也是非常严格的。街边餐饮门店的店长必须了解如何与上级管理机关打交道。

上级管理机关及其管理内容

　　餐厅门店的上级管理机关如下。

　　（1）食品药品监督管理局。餐厅门店最直接的上级管理机关是食品药品监督管理局，其管理范围包括餐厅经营执照的办理及所有食品安全问题。

　　（2）城市管理行政执法局。城市管理行政执法局的管理范围包括私搭乱建、占道经营、广告宣传等。餐厅在外部搭建花园、外摆区或者搭建二层、挖地下室等都属于私搭乱建行为，是城市管理行政执法局的管理范围。占道经营就是餐厅将桌椅板凳、用于经营的车辆等摆到道路上，这也属于城市管理行政执法局的管理范围。餐厅的广告牌、招牌、易拉宝及宣传单等也都属于城市管理行政执法局的管理范围。

（3）生态环境局。生态环境局主要负责餐厅油烟排放、废水废渣、装修垃圾等的管理。在商场中，商管部门会对餐厅的环保工作提出比较明确的要求，如油烟的排放要求及排放规格、油烟管道的设置等。

（4）街道办事处。街道办事处主要负责对餐厅的流动人口、门前三包、清洁卫生、租房情况等进行管理。

（5）消防队。消防队主要负责餐厅装修期间及日常的消防安全管理。日常的消防安全管理内容包括餐厅的灭火器、消防通道等。

（6）其他部门。如燃气公司管理天然气，自来水公司管理水表，电力部门管理电闸及电力增容，绿化局管理餐厅门前门后的绿植树木，工商所管理营业执照，税务部门管理纳税情况。

食品药品监督管理局的管理内容如下。

（1）机构及人员管理。餐饮服务提供者应根据经营规模设置食品安全管理机构并配备专职食品安全管理人员，或者配备专职或兼职食品安全管理人员。食品药品监督管理局对餐饮服务提供者设置的食品安全管理机构和人员职责、基本条件、健康条件、个人卫生、工作服、人员培训等均有明确要求，需要餐饮服务提供者严格遵守。

（2）场所与设施设备。食品药品监督管理局对场所与设施设备的要求包括选址要求，建筑结构、布局、场所设置、分隔、面积要求，设施要求（地面与排水要求，墙壁与门窗要求，屋顶与天花板要求，卫生间要求，更衣场所要求，库房要求，专间设施要求，洗手消毒设施要求，供水设施要求，通风排烟设施要求，清洗、消毒、保洁设施要求，防尘、防鼠、防虫害设施及其相关物品管理要求，采光照明设施要求，废弃物暂存设施要求，设备、工具和容器要求），场所及设施设备管理要求。

（3）过程控制。食品药品监督管理局对过程控制的要求包括加工操作规程的制定与执行，采购验收要求，粗加工与切配要求，烹饪要求，备餐及供餐要求，凉菜配制要求，裱花操作要求，生食海产品加工要求，饮料现榨及水果拼盘制作要求，面点制作要求，烧烤加工要求，食品再加热要求，食品添加剂的使用要求，餐用具清洗消毒保洁要求，集体用餐食品分装及配送要求，中央厨房食品包装及配送要求，甜品站要求，食品留样要求，储存要求，检验要求，餐厨废弃物处置要求，记录管理要求，信息报告要求，备案和公示要求，投诉受理要求等。

城市管理行政执法局的管理内容如下。

（1）市容环境卫生和城市规划管理，包括无证违法建设的处罚。违规的建设用地、违规的操作、环境卫生的清洁度、垃圾的堆放、自行车的摆放等都是城市管理行政执法局的管理范围。

（2）道路交通秩序。对餐厅的占道经营行为进行处罚。

（3）工商行政管理。检查餐厅是否有证经营。

（4）市政管理、公共事业管理。协助路政局、市政局等单位做好市政管理、公共事业管理。

（5）城市供水管理。对供水的安全、偷水漏水现象等进行管理。

（6）停车管理、园林绿化管理。协助公共车辆管理部门和园林局、绿化局做好停车管理、园林绿化管理。

（7）环境保护管理，以及施工现场管理等。

（8）管理城市中黑车、黑导游现象等。

生态环境局的管理内容如下。

（1）自然环境管理。自然环境包括河湖、海洋、山林树木、田野梯田、溶洞等，所有的自然环境都归生态环境局管理。

（2）城乡环境管理。负责城市、乡镇的环境管理。

（3）辐射管理。

（4）河流污染、建设污染、声光污染。往河流当中排污、建筑工地施工产生的噪声和灰尘，这些都属于生态环境局的管理范围。

（5）垃圾污染管理。对于厨房的残余垃圾，店长必须找有合法手续的垃圾回收单位进行回收。

街道办事处的管理内容如下。

（1）社区管理。包括社区当中居民的所有娱乐生活。

（2）居民关系调解，治安保卫。社区居民之间的矛盾需要街道办事处调节，社区的治安保卫也是街道办事处的管理范围。

（3）流动群体和居住问题。这些也是街道办事处需要管理的核心内容，这与餐厅门店有着非常密切的关系。

（4）辖区内的卫生。其包括辖区内垃圾的堆放、垃圾桶的管理、树木河流的一些基本管理等。

（5）计划生育管理。计划生育是街道办事处的管理内容。

（6）思想建设。社区的文化活动、体育活动等都属于社区管理的内容，街道办事处是为人民服务的一线部门。

如何应对上级管理机关的检查

对于上级管理机关的检查，餐饮店长必须妥善应对，以免给公司的品牌造成不良影响。通常上级管理机关的检查分为以下几种情况。

（1）例行公务检查。其也就是常规的巡视检查，一般一年只有一次。

（2）重大事件检查。国家的重大节日或发生了重大社会事件之后，上级管理机关会安排相应的检查，若发现餐厅有违规情况，通常会对其下发整改通知书，也可能会给予相应的处罚。重大社会事件是指什么呢？例如，严重的火灾事件、煤气爆炸事件等。

（3）接到举报检查。上级管理机关一般会按要求查看相关资料，并给予相应的处罚。

面对上级管理机关的来访，接待流程如下。

（1）请坐看茶。店长应邀请检查人员就座，为其倒上一杯茶，这是基本的礼仪。

（2）询问对方的来意。店长应了解检查人员的检查目的，其是例行公务检查还是重大事件检查，抑或是接到了举报过来检查。

（3）配合回答。当对方问到关于执照、食品安全等问题时，店长一定要积极配合回答。

（4）联系上级。如果店长无法提供检查人员想要的资料或信息，那么应立即联系上级，让公司指定的人员、公司的相关负责人或老板来做电话解答，或者让他们前来做相应的处理。

（5）做好记录。等检查人员离开以后，店长必须立即填写公关事件报告（如表4-8所示），复印后将原件上交上级管理者，复印件留存备档。

接待上级管理机关检查人员时的注意事项如下。

（1）如果对方是便衣人员，店长一定要让对方出示证件，以证明他的身份。

（2）如果检查人员一定要进厨房，店长一定要按照门店规定让其做好清洁工作，比如务必请对方先洗手，佩戴好一次性帽子后再进厨房，以保证食品安全。

（3）如果检查人员要求进厨房拍摄，店长需要向对方表明厨房是禁止拍摄的，如果对方是政府执法部门的人员，可以允许拍摄。

表 4-8　公关事件报告

餐厅信息栏：		检查单位信息栏：	
餐厅编号 / 名称：＿＿＿＿＿＿＿＿＿＿ 事件发生日期：＿＿＿＿＿＿＿＿＿ 餐厅店长：＿＿＿＿＿＿＿＿＿＿＿		检查机关 / 来访媒体：＿＿＿＿＿＿＿ 检查人员：＿＿＿＿＿＿＿＿＿＿＿ 联系电话：＿＿＿＿＿＿＿＿＿＿＿	
检查机关类别（请在方框中打"√"进行选择） □食药所　□城管　□街道办　□消防队　□税务局　□工商局　□燃气、电力、绿化 □媒体　　□其他			
事件经过描述：			
门店处理结果（店长填写）：			
公司处理意见（运营负责人填写）：			
签字 / 审核栏			
餐厅店长：　　　　日期：		运营负责人：　　　　日期：	

（4）取样流程。如果检查人员要求取样带回去化验，店长必须对取样的食材进行拍照，并立即留取相同的食材，现场装袋保留备份。在对方拿回去化验和检查的时候，店长也应该联系相关机构做相应的化验和检查。

（5）签字。如果检查人员要求店长在某材料上签字，店长一定要仔细查看和阅读相关材料，如果是行政告知书、行政通知书、整改通知书，那么店长可以配合签字，如果内容包含了处罚条款和金额，那么必须通知公司相关人员，不得擅自签字。

在上级管理机关检查时，对于以下问题未经过允许店长可以不回答。

（1）营业收入。涉及年度收入、月度收入、每日收入的可以不回答，以"此为公司的商业秘密，请恕我们无权回答"回复。

（2）成本支出。涉及餐厅的成本、租金、人工及其他支出时，回答同上。

（3）营销方案。涉及餐厅下一步的营销方案及相关数据时，回答同上。

（4）开店计划。涉及餐厅下一步的开店计划时，回答同上。

（5）人事信息。涉及人员编制、薪酬工资奖金、福利等内容时，回答同上。

如果上级管理机关检查人员出于检查目的，需要获得明确答复，店长应在获得上级管理者的许可后作答。最好邀请上级管理者来现场处理，也可以让其在电话当中直接与检查人员进行沟通。

课后作业

请你根据本节所讲知识填写一份"公关事件报告"，写清对应的流程和处理方法。

第五章

厨房管理：

生产加工及流程
运转的基本管理

第一节　厨房的技术管理：学会制作厨房的技术手册

什么是 SOP

如果让门店店长完成客户维护、营销推广、前厅排班等工作，很多店长都信手拈来，但如果让其管理厨房，很多店长就会犯怵，因为店长对于厨房的作业程序并不是特别熟悉。对于管理、监督和检查厨房，要从了解厨房的 SOP 开始。SOP 是 Standard Operating Procedure 首字母的缩写，一般指标准作业程序，即将某一事件的标准操作步骤和要求以统一的格式描述出来，用于指导和规范日常的工作。SOP 的精髓是细节量化，通俗来讲，SOP 就是对某一程序中的关键控制点进行细化和量化。SOP 手册也叫作标准作业手册。厨房管理的第一要素就是对所有的产品操作技术进行标准化、细化和量化，这个工作可以理解为 SOP 手册的制作过程。

如何制作厨房的产品 SOP 手册

我们来看一个案例。图 5-1 是西贝产品 SOP 手册中展示的一道菜品的作业指导书。该菜品的名称是手撕椒麻鸡（小份 180 克），制作单位是门店厨房，其实它的制作单位可以具体到凉菜间或热菜间等。菜品投料标准有熟鸡条、椒麻油、煮鸡汤、藤椒油等，其也可以叫配料名称，它并不是投料的标准，克重才是投料的标准，比如熟鸡条使用 180 克，椒麻油使用 40 克等。手撕椒麻鸡（小份 180 克）使用的各种原材料加起来肯定超过 180 克，所以这里的 180 克实际上指的是熟鸡条的分量，这个菜品的整体分量就是所有投料的克重之和，也就是出品的标准分量。熟鸡条的切配标准是1.5cm粗的条，豆腐皮是1cm宽12cm长。要实现投料标准（如姜片20克、香葱 10 克等），就需要用非常精确的克秤进行称量，这在一定程度上可能会影响出品速度，但在操作习惯了以后切配就会更趋近标准。用相应的模板图片做参考也是十分必要的。图 5-1 展示了出品照片和盛装的餐具，这是手撕椒麻鸡（小份 180 克）SOP 手册的上半部分。

西贝莜面村【作业指导书】

菜品名称		手撕椒麻鸡（小份 180 克）				制作单位		门店厨房
投料标准	克重	切配标准		投料标准	克重	切配标准		出品照片
1 熟鸡条	180	1.5cm 条	8	姜片	20	0.2cm 片		
2 椒麻油	40		9	香葱	10	4.5cm 段		
3 煮鸡汤	350		10	伊犁陈皮子	10	0.6cm×5cm 片		
4 藤椒油	30		11	蒜肉	25	整蒜		
5 色拉油	30		12					
6 豆腐皮	30	1cm×12cm 条	13					
7 黄豆芽	100		14				盛器	8 寸紫金碗

图 5-1　产品 SOP 手册示例

手撕椒麻鸡（小份 180 克）SOP 手册的下半部分一般包括操作步骤和关键控制点。其中，每一个操作步骤都应配上实际照片。所谓的关键控制点就是把每个步骤都写清楚，并配上实际照片。手撕椒麻鸡（小份 180 克）的装盘标准有一个特别的要求，即不能堆起来，平铺就可以了。因为是个圆盘，平铺以后会显得多，在一定程度上可以提高顾客的产品体验。

产品 SOP 手册应该包含的主要内容

产品 SOP 手册应该包含以下主要内容。

（1）选菜标准：怎么选择菜品的原材料。

（2）清洗标准：如何清洗是合理的。

（3）加工标准：如何进行加工处理及切配标准如何。

（4）配比标准：如何投料，配比是多少。

（5）调制标准：如何调制酱汁。

（6）烹饪标准：如何烹饪及其流程和标准。

（7）装盘标准：如何选盘、装盘、摆盘。

（8）备货标准：不同营业额下的备货量标准。

门店每天的营业额可能都不一样，周三、周四的营业额可能比周一、周二高一些，周五、周六和周日的营业额可能是最高的。餐厅可以根据每天的营业额进行备货，也可以对原材料进行预制。原材料的预制和备货程度，取决于餐厅对出品速度、出品效率的要求，而这个要求就是SOP。店长如果要管理一家新店或管理一个新的品牌，当这个新店或新品牌没有制定生产标准时，店长就要与出品负责人一起，对每一个岗位上的产品进行标准化设计，然后将标准进行公示，以供参考，进而保持出品标准上的一致。

店长在门店管理中必须使用产品SOP表（如表5-1所示），其在厨房岗位人员每天加工制作产品的时候使用，各岗位人员可根据SOP表对出品进行检查。

表 5-1　产品 SOP 表

产品名称			凉拌木耳肚丝		
菜品编号		SOP—01 号	版本更新号		2020.4
黑木耳	选料	选择大拇指指甲大小，无黄斑、无破损、肉嫩的黑木耳		原料图	切配成品图
	清洗	要把内外翻一下，用手指清理干净			
	切配	切成长 ×× 厚 ×× 的条形，滚刀切			
	配比	大份：100g　小份：60g			
猪大肚	选料	选择颜色发白，块大有弹性，光滑的猪肚		原料图	切配成品图
	清洗	要把内外翻一下，用手指清理干净			
	切配	切成长 ×× 厚 ×× 的条形，立刀切			
	配比	大份：80g　小份：50g			
小米辣	选料	选择 ××		原料图	切配成品图
	清洗	××			
	切配	把根部去掉，用刀切成 ××cm 的小段			
	配比	大份：30g　小份：20g			
蒜头	选料	选择 ××		原料图	切配成品图
	清洗	××			
	切配	把根部去掉，用刀面拍成蒜末，蒜末颗粒最大 ××			
	配比	大份：30g　小份：20g			
调味汁1号	调料比例	酱油 ×× g（1 号勺 2 勺）、醋 ×× g（1 号勺 1 勺）、盐 ×× g（1 号勺 4 勺）、×× 牌辣酱 ×× g（2 号勺 2 勺）		1 号勺图	调味汁成品图
	调制方法	取上述调料，加入不锈钢调料缸里，顺序没有要求，充分搅拌后品尝		2 号勺图	
	料汁配比	大份：50g（1 号勺 10 勺）小份：20g（2 号勺 4 勺）			
制作方法	步骤1			步骤1图	步骤2图
	步骤2				

（续表）

产品名称		凉拌木耳肚丝				
菜品编号		SOP—01 号		版本更新号	2020.4	
制作方法	步骤 3				步骤3图	步骤4图
	步骤 4					
	步骤 5				步骤5图	步骤6图
	步骤 6					
装盘出品	餐具选择	选用青花色方盘			装盘成品图	
	摆盘要求	菜品不可超出 ×× 线，盘边干净无汁水，菜品上方点缀				
	注意事项	该菜品放置时间长容易变色，必须尽快上菜				

如表 5-1 所示，以凉菜间中的凉拌木耳肚丝这个产品为例进行说明。菜品编号是"01"，说明是凉菜中的第一个产品。如果凉菜间一共有 20 个凉菜，那么最大编号就是 SOP—20 号。表中版本更新号显示为"2020.4"，说明这一版本是在 2020 年 4 月更新的。这个产品共包含四种原材料，每种原材料里面都包含选料、清洗、切配和配比标准，后面还要展示原料图片和切配的成品图片。这个产品 SOP 手册非常清晰、简洁明了。其上半部分展示的是对原料的要求，下半部分展示的是对调味汁及其制作流程的要求。

我们以凉菜间菜品备量参考表为例来介绍备货的标准，具体如表 5-2 所示。

表 5-2 凉菜间菜品备量参考表

菜品名称	周一	周二	周三	周四	周五	周六	周日
椒麻鸡小份	中午 5 份 晚上 10 份	中午 5 份 晚上 10 份	中午 10 份 晚上 16 份	中午 10 份 晚上 16 份	中午 20 份 晚上 30 份	中午 20 份 晚上 30 份	中午 12 份 晚上 15 份

（续表）

菜品名称	周一	周二	周三	周四	周五	周六	周日
椒麻鸡大份							
黑木耳拌肚丝							
蓝莓山药							
手剥山竹笋							
××							
××							
注意事项	每周确定下一周是否有调整。在节假日、特殊政策、特殊活动、特殊天气前，相关人员应根据营业额目标与店长沟通后，进行备货。厨师长需要与各个岗位沟通，防止浪费和低效行为。						

　　备量参考表是为了让大家清楚，在不同的营业额目标下要准备多少原材料以应对当天的销售。如果在中午开餐前没有备好这些货，就会导致中午时段的慌乱，明明应该是出餐的时候却在备货，影响上菜速度，那么这毫无疑问会影响顾客的用餐体验，甚至可能会引起顾客的投诉。因此，餐饮门店一定要制定所有岗位的产品标准备量参考表。但是要注意，在节假日、特殊政策、特殊活动、特殊天气前，相关人员和店长要及时调整备货量。

如何对 SOP 进行检查与优化

　　店长应该如何对产品 SOP 进行检查与优化呢？产品 SOP 手册不是一成不变的，一定要定期对其进行检查及优化。

（1）日常检查。店长每天都要进行日常检查，以保障员工操作的规范性。店长和厨师长每天应当在备货时间，对厨房的每个岗位，如凉菜岗、粗加工岗、热菜岗、切配岗等进行相应的标准操作检查，检查其是否符合公司 SOP，针对不符合标准的产品或操作，要求相关人员调整，必要的时候应亲自做示范。

（2）每月进行检查评分，用于评估各岗位的工作质量。店长、厨师长应该配合公司的运营督导部门每个月下店对各个岗位的操作标准进行检查，并且进行打分，打分结果应当纳入店长、厨师长的考核。这主要是为了给店长、厨师长相应的压力，促使他们去监管、指导、训练门店各岗位人员按照标准操作。

门店中的所有员工都有义务对公司的 SOP 操作流程和标准提出建议，帮助岗位人员改善操作标准，进而节省产品操作成本，提升产品的口味和销量。对于提出意见并被采纳的员工，门店店长应给予其相应的奖励。但是要注意，门店的所有人员在没有经过公司授权的情况下，无权对公司制定好的产品 SOP 进行改动，否则将受到相应的处罚。因为产品 SOP 是公司制定的标准，是为了保证不同的人做同一个产品、不同的店做同一个产品时都可以达到同样的出品效果，这是 SOP 存在的意义和价值。

课后作业

请根据本节所讲知识，与厨师长一起制作一份"凉菜间 SOP手册"。

第二节　厨房的工作流程：学会制作厨房的岗位手册

厨房岗位的 SOC 指的是什么

厨房岗位同样需要制定岗位中涉及的流程标准、工作时间安排等，目的是保证门店的品质、服务、清洁（QSC）做得更好。SOC 是一种岗位观察检查表，就是对所有岗位进行检查，进行流程上的管控的工作表。它是按照工作站来划分的操作流程，可以帮助工作站的员工学习掌握最基本的操作程序，用于门店当中各工作站员工操作的标准指导、训练和追踪使用。

如何制作厨房的 SOC 手册

厨房和前厅有着非常大的区别，两者在分工、技术、要求方面均有所不同，而且厨房相关岗位中还涉及更多的要点。店长应按照以下步骤为厨房相关岗位制作 SOC 手册。

（1）划分岗位。划分岗位就是对厨房当中的工作根据职责、重要性等进行划分。

（2）确定各岗位的工作职责。有些餐厅有打荷岗，有些餐厅没有；有些餐厅有凉菜岗，有些餐厅没有凉菜岗。店长要根据门店的管理标准和管理流程设计各岗位的工作职责。

（3）确定各岗位的工作时间流程表。这一步其实就是明确各岗位的工作时间安排及对应的工作内容。

（4）确定工作标准大纲。不同岗位对应的工作站和工作要点不一样，要形成大纲。

（5）编写工作标准。确定工作标准大纲后，店长及相关负责人就需要编写工作标准，对工作要点进行具体的操作描述，比如使用什么工具、使用什么设备、按照什么步骤、有哪些注意事项等。

（6）制定应急措施。这一步即针对各岗位有可能出现的意外事件，明确具体的应对方法。

接下来我们展开介绍一下这几个步骤。

划分岗位就是划定厨房中的核心工作岗位及非核心工作岗位（如表5-3所示）。一般来说，在中餐厅中，辅助岗位包括洗碗岗、粗加工岗、打荷岗、砧板岗等。洗碗岗主要是完成锅碗瓢盆的清洗工作；粗加工岗的工作就是将原材料去皮、去老叶、去根、去泥土，将其处理干净；打荷岗通常是协助热菜岗完成所有原材料的传递、清洁、取碗、摆盘等相关工作；砧板岗负责对原材料进行切配，并进行冰箱、库房管理等相关工作，原料的管理和精细加工也是由砧板岗完成的。除了辅助岗位，还有出品岗位和管理岗位。出品岗位主要负责制作产品，其中凉菜岗主要负责凉菜的制作，主食面点岗主要负责主食和面点的制作，热菜岗主要负责出品热菜。管理岗位是管理级别的工作岗位，包括主管级、副厨级和厨师长级。

表 5-3　岗位划分示例

岗位\类别	辅助岗位			出品岗位			管理岗位	
传统中餐	洗碗岗、粗加工岗	打荷岗	砧板岗	凉菜岗	主食面点岗	热菜岗	主管级	副厨级、厨师长级
火锅	洗碗岗、粗加工岗	切配岗		凉菜岗	主食面点岗	热菜岗	主管级	副厨级、厨师长级
快餐	洗碗岗、粗加工岗	无		凉菜岗	出餐岗		助理级	店长级

　　火锅类餐厅有洗碗岗、粗加工岗和切配岗，但是可能没有打荷岗，因为火锅类餐厅的产品整体都比较简单，主要由切配岗完成所有原材料的切配工作。很多餐厅之所以会在传菜口专门配一个传菜主管，是因为其要对所有菜品的流动进行指挥，以确保每一个菜品和单子都能有效地配合起来，并且有效地检查产品。火锅类餐厅也可能会有凉菜岗、主食面点岗和热菜岗，热菜岗通常是很少有的。管理岗位在火锅类餐厅也是存在的。

　　快餐店通常有洗碗岗和粗加工岗，可能没有切配岗和打荷岗，因为快餐店的产品相对简单，连锁的快餐店有可能已经有了标准化的流程，所以不需要切配岗和打荷岗。同样，快餐店的出品可能需要两个岗位，一个是凉菜岗，另一个是出餐岗。一家主营拉面的餐厅，它可能有专门的拉面岗、烧烤岗及凉菜岗，所以每一家餐厅的岗位设置是不一样的。对于管理岗位，在快餐企业中一般有助理和店长，没有厨师长，因为快餐店的厨房相对简单，当然不同类别餐厅的要求是不一样的。只有划分了岗位，店长才能确定每个岗位的工作职责，不同岗位的工作职责是不一样的。无论是快餐店、小吃店、中餐厅、火锅店、西餐厅还是日本料理店，都要对基本岗位进行划分，明确岗位职责。

　　我们以凉菜岗为例制作了一个简单的工作时间流程表，如表 5-4 所示。

表 5-4　凉菜岗工作时间流程表

工作时段	工作时间	工作内容
早餐餐前准备	8:30—9:00	到店吃早餐
	9:00—9:10	参加早例会
	9:10—11:00	在岗位备餐：准备餐具、检查原料、检查并做卫生、预备菜品、急推估清、设备检查、指导新手等
	11:00—11:30	餐前自我检查：人员自我检查上述工作是否准备充分，协助其他岗位，了解预定情况

（续表）

工作时段	工作时间	工作内容
午高峰	11:30—13:40	按照标准快速、准确地出品，并随时检查备货量、原料量是否够用，同时保持操作卫生
午收市	13:40—14:00	对接好前厅的客户点单，做收尾清洁、物品及食材保存回收等，检查原料、设备，交接用餐
午值班	14:00—16:30	如需要值班则配合厨师长安排值班人员，如不需值班则安排人员休息
晚餐餐前准备	16:30—16:40	参加晚例会
	16:40—17:30	在岗位备餐：餐具、检查原料、检查并做卫生、预备菜品、急推估清、设备检查、指导新手等
	17:30—18:00	餐前自我检查：岗位人员自我检查上述工作是否准备充分，协助其他岗位，了解预定情况
晚高峰	18:00—21:00	按照标准快速、准确地出品，并随时检查备货量、原料量是否够用，同时保持操作卫生
晚收市	21:30—22:00	对接好前厅的客户点单，做收尾清洁、物品及食材保存回收等，检查原料、设备，交接用餐
晚值班	22:00以后——闭店	如需要值班则配合厨师长安排值班人员，如不需值班则安排人员休息

　　我们把凉菜岗的工作时间分为早餐餐前准备、午高峰、午收市、午值班、晚餐餐前准备、晚高峰、晚收市和晚值班八个时段。早餐餐前准备的时间是最长的，8:30—9:00 是到店吃早餐的时间，当然每个餐厅的工作时间不一样，餐厅需要根据自己的实际情况制定内部的工作时间；9:00—9:10 是早例会时间，例会时间是 10 分钟；9:10—11:00，相关人员在岗位上了解当天的急推和估清，对所有设备进行正常的操作检查；11:00—11:30 由岗位人员做餐前的自我检查，主要检查岗位上的准备工作是否都准备充分，如果已经完成，相关人员要协助其他岗位开展工作，根据预定情况进行备餐，准备餐具、原料。

　　在午高峰时段相关人员应按照标准快速、准确地出品，并随时检查备货量、原材料是否充足，同时要保持操作台干净整洁。若来单特别多，有可能使得备货量不够，此时岗位负责人应迅速安排相关岗位尽快备货，千万不要在忙得不可开交的时候去备货。

13:40—14:00 是午收市时间，这个时候厨房相关人员要对接好前厅客人的点单情况，比如有几桌客人点了什么菜，没有下单的要赶紧下单，开始做一些收尾清洁工作，完成物品和食材的保管、回收，检查剩余的原材料够不够晚上用，检查所有设备是否正常关闭，并组织员工用餐。午收市的收尾清洁工作是很重要的，相关人员要把地面、桌面都清理干净，将刀具、毛巾等清洗放好，对所有的物品和食材进行回收，该加膜的加膜，该加盖的加盖，以防止过期、变质；同时，要检查凉菜间的空调是不是一直开着，保持凉菜间的温度。如果发现有些菜品要废弃，要在"废弃表"上登记。

14:00—16:30 是午值班时间，尤其是一些商场店、景区店、机场店、高铁站店，也包括一些生意很好的街铺，如果需要值班，店长就必须配合厨师长安排相关的值班人员，如果不需要值班就可以安排员工休息。如果厨师长要求在凉菜岗留人，就需要凉菜岗员工值班，如果厨师长安排其他岗位的员工兼顾做凉菜岗上的产品，就可以安排凉菜岗的员工休息。晚值班的工作与午值班的工作类似，区别在于 22:00 以后如果还提供夜宵可能需要持续安排人员值班，如果 22:00 以后不需要继续值班，就可以闭店了。

划分完岗位，并确定各岗位的工作时间和工作职责后，就需要明确各岗位中相关工作站的工作标准。如果把厨房的 SOC 分成多个岗位，那么每家餐厅的标准都可能不一样。我们举例说明，凉菜岗餐前准备、高峰期出品、餐后收尾等工作站十分必要。餐前准备又可分为几个不同的工作站，包括餐前清洁、餐前备货及其他工作事项。对于高峰期出品，一是按照 SOP 出品，二是指导新人，这是在高峰期需要做的事情。餐后收尾包括餐后清洁、检查所有货物工作。

我们把凉菜岗、热菜岗、砧板岗定义成岗位，把餐前准备、高峰期出品和餐后收尾定义为岗位中重要的工作站，而工作站当中又包含各核心工作要点。当我们把每一个工作站都区分出来以后，要对每个工作要点做具体细分，剩下的工作就是完善内部标准，当内部标准完善了以后，各岗位的工作就会变得非常清晰简单。

如何对 SOC 进行检查、落地与优化

当确定完 SOC 以后，我们就需要对 SOC 进行检查、落地与优化。

对于 SOC 的检查，所有岗位都需要有一个餐前开市和餐后收市的自检表。我们来看一份凉菜岗餐前开市自检表（如表 5-5 所示）。对于预备菜品这一项，店长应将需准备的主要菜品、其他菜品和原料预备，以及菜品是否符合数量要求和质量标准都填好。同样，在调味料准备项目中，料汁和调料配料的准备事宜也要填写清楚。电子设备的检查标准包括检查空调、打印机、榨汁机、冰箱、制冰机等是否能正常使用，这些都是早开市阶段相关岗位人员要做的自我检查工作。

如果店长及凉菜岗的相关员工不按照自检表进行自我检查，就很有可能在开市之前出现一系列问题，导致高峰期的出品不顺畅。落地 SOC 最基本的方法就是培训和检查。培训包括对新员工第一个月的培训，使其快速掌握某岗位的工作标准，减少出错率，提高工作效率。同时，如前所述，在新员工入职时应为其发放 SOC 手册，并就手册中的内容对其进行培训、提问和考试，这些都可以促使他们提高工作效率。针对老员工，要定期对其进行 30 分钟到 40 分钟的培训，以提高其操作效率，同时，对老员工的培训不能局限于某一个岗位，而是让其掌握更多岗位的工作标准。

表 5-5　凉菜岗餐前开市自检表

检查人：本岗今日在岗人员

检查项目	包含内容	检查标准	1日	2日	3日	4日	5日	6日	7日	8日
预备菜品	主要菜品	符合预备数量和质量标准								
	其他菜品	符合预备数量和质量标准								
	原料预备	符合预备数量和质量标准								
调味料准备	料汁准备	符合预备数量和质量标准								
	调料配料准备	符合预备数量和质量标准								
电子设备	空调	正常开启，正常运作								
	打印机	正常开启，正常运作，不缺纸								
	榨汁机	正常开启，正常运作，干净								
	冰箱	正常开启，度数合适，干净								
	制冰机	正常开启，正常运作，干净								
急推估估清	急推估估清	已经确定，并与前厅沟通								
餐具准备	餐具准备	餐具种类、数量齐备，无严重破损								

厨师长必须每天对厨房各个岗位的 SOC 和 SOP 进行检查，确保员工工作的准确、高效及标准。

在对 SOC 手册进行优化和调整时，应注意以下几点。

（1）品类不同，则岗位划分、职责划分及标准流程就不同。

（2）菜单的结构不同，则岗位划分、职责划分及标准流程就不同。

（3）厨房布局不同，则岗位划分、职责划分及标准流程就不同。

（4）标准化程度不同，则岗位划分、职责划分及标准流程就不同。

（5）岗位及其职责、标准、流程确定后，也不是一成不变的，应根据实际情况对其进行调整。

优化 SOC 是厨师长和店长的一项持续性工作，其一定要根据自己门店的具体情况来设计产品、规划布局、对接供应链，同时确定岗位及其职责、流程、标准。

课后作业

请根据本节所讲知识，制作一份"凉菜间 SOC 手册"。

第三节　订货及货物管理：厨房货物的盘点、订货、存放及使用

厨房货物的盘点工作应如何开展

餐厅需要准备很多食材，对于这些食材，通常都需要盘点，不盘点就无法知道所剩食材是否能支撑餐厅当天的运营，所以盘点是厨房货物管理

非常重要的一种手段。

厨房管理的核心内容包括以下五部分。

（1）工作流程。店长要确保每个人都在正确的时间按照正确的标准进行操作，也就是按照 SOC 的标准开展工作。

（2）产品标准。店长要确保负责出品的员工可以按照标准的产品制作要求出品，按照 SOP 完成工作任务。

（3）技术的提升。店长应确保每一个岗位上的员工都可以用最少的时间实现最好的效果，这就要靠技术的不断提升。

（4）货物管理。通过对货物的盘点和原材料的使用，达成比较理想的毛利和毛利率，这就是货物管理。

（5）食品安全。通过对冰箱、库房、地面、垃圾桶、餐具、厨具，以及员工的健康卫生等进行管理来保障食品安全。

很多餐厅并不盘点厨房货物，这是非常错误的管理行为。通过盘点可以实现以下四个目标。

（1）掌握存货。在每天盘点的情况下，店长便可知道每天还剩下多少存货。

（2）便于订货。掌握了存货和预估使用量，就知道需要订多少货。

（3）便于控制毛利。每个月对毛利的计算离不开盘点数据。

（4）掌握固定资产。门店的盘点工作不仅仅针对食材、原材料，还需要对设备设施和低值易耗品进行盘点。

厨房货物的盘点分为日盘点和月盘点，这两种盘点方式应怎样操作才比较科学和有效呢？我们以表 5-6 为例来进行说明。

表 5-6 凉菜间盘点表

盘点时间		2020.5.31		盘点人	××
序号	名称	单位（斤、袋、包）	今日盘点剩余数量	明日要货数量	合计剩余金额
1	紫薯	袋	1.3	12.5	16.25
2	白菜	包	4	1.5	6
3	百合				0
4	大黄瓜				0
5	大西红柿				0
6	带壳花生				0
7	冬笋				0
8	豆饼				0
9	红黄彩椒				0
10	红椒				0

　　表 5-6 记录了某餐厅的月盘点相关信息。该餐厅在 5 月 31 日晚进行盘点，对所有剩余食材进行统计。这些剩余的食材不能再计算为 5 月的食材，而应该将其计算为下个月的食材。下个月的盘点时间同样是当月的最后一天，即 6 月 30 日晚。6 月实际的食材使用量等于 5 月 31 日晚盘点的剩余食材加上 6 月 1 日到 30 日盘点前所采购的全部食材，再减去 6 月 30 日晚盘点的剩余食材。通过月盘点可以清晰地知道每个月月底剩余多少食材。

　　本书附赠资源包含凉菜间六类产品月度盘点表示例，请大家根据需要按照前勒口列示的路径自行下载使用。

　　日盘点也是同样的道理。假设餐厅每日的营业时间是 9:00—21:00，那么餐厅应于每日 21:00 后盘点当天剩余的食材，因为剩余的食材是第二天要使用的。假设今天是 3 月 1 日，那么 3 月 1 日晚盘点的剩余食材加上第二天的进货量，再减去第二天晚上盘点的剩余食材，就是 3 月 2 日的实际使用量。3月2日的营业额很明确，这样店长就可以精准地计算出当天的毛利率了。门店当中的单日毛利率是可以进行精确计算的，前提是每天都要进行盘点。

店长在每个月月末盘点厨房货物的时候要用到厨房月度盘点表。还是以上面的凉菜间盘点表为例，该表包括货物的名称、单位、盘点剩余数量、单价、合计剩余金额五项内容。若公司规定不需要门店计算毛利率，而由公司的财务人员进行计算，就需要财务人员到门店跟盘。跟盘人员通常包括公司负责运营和财务工作的相关人员。因为盘点工作属于运营方面的工作，所以运营团队的区域经理、运营经理是有必要去跟盘的，而财务人员跟盘是为了确保门店盘点真实、准确。门店只需要把相关的名录、单位及盘点的数量填进盘点表就可以了。

厨房的订货方法是什么

厨房订货包括月度订货、半月订货、周度订货等，具体根据门店的实际情况确定。厨房的订货方法如下。

（1）盘点剩余量，即盘点当天的剩余原材料。

（2）评估第二天的需求量，即预估第二天本岗位各种菜品的销售量，并据此评估食材的需求量，建议根据预估需求量加成10%，以防止食材不够用。

（3）确定订货量，即根据上一步预估的需求量确定订货量，填写在订货表上。通常是各个档口确定各自的订货量，然后交给厨师长审核，由厨师长确定最终的订货量。现在一般用手机或电脑提交申购单，所以厨师长或店长很有必要学会基本操作。具体由谁去订货，各餐厅应根据自身情况确定，比如快餐厅一般由店长订货，中餐厅、西餐厅、日料店通常由厨师长订货。

在订货时，店长或厨师长必须配套使用每日订货单（如表5-7所示）。例如，凉菜间每日订货单中包括要货时间、要货人、明日预估营业额等内容，经盘点知道花生米今日剩余4包，预估明天可能至少需要5包，那么明日要货数量就是1.5包。

表 5-7　凉菜间每日订货单

要货时间：	要货人：	明日预估营业额：		
序号	名称	单位（斤、袋、包）	今日盘点剩余数量	明日要货数量
1	炒米	袋	1.3	12.5
2	花生米	包	4	1.5
3	木耳			
4	干豆角			
5	野笋丝			
6	锅巴			
7	老奶奶花生米			
8	老家粉丝			
9	干香菇			
10	干丝			
11	地皮菜			
12	大油			
13	带皮花生			
14	烧饼			
15	鲜猪油			
16	土鸡蛋			
17	面粉			
18	糯米			

（续表）

要货时间：		要货人：	明日预估营业额：		
序号	名称	单位（斤、袋、包）	今日盘点剩余数量		明日要货数量
19	挂面				
20	绿豆				
21	大米				
22	春卷皮				
23	馄饨				
24	山药卷				
25	小元宵				
26	大元宵				
27	鸡蛋				
28	鹌鹑蛋				
29	皮蛋				
30	空心面				
31					
32					
33					
34					
35					
36	盘点剩余总量合计				14.0

如何管理冰箱和库房

冰箱和库房是存放食材如原材料、半成品、成品的地方。按照食品药品监督管理总局的规定，各种食材应存放在不同的容器里，如半成品冰箱、成品冰箱和原材料冰箱。冰箱和库房也是确保食品安全及控制毛利的主要阵地之一，食品安全问题大多源自冰箱管理问题，比如冰箱内某食材过期变质，或者生熟食材不分开存放导致交叉感染，造成其他食材变质、长毛、变味等。库房的周转效率、存货是否过期、使用的效率等是控制毛利的重要因素。因此，店长必须做好存放管理、进出管理、有效期管理及检查等一系列工作。

冰箱和库房中的食材和物品一定要分岗位存放，凉菜间的冰箱只存放凉菜间要用到的食材，以及一些开袋即食类的食品，要与其他岗位的食材分开。这样做一是有利于凉菜间的高效运转，二是凉菜间的很多食材都是可以直接食用的，因此必须保证凉菜间的所有食材高效、干净和正确使用，这是对凉菜间冰箱和库房的一个基本管理要求。

冰箱和库房中的食材应使用保鲜盒存放，这一点非常重要。用保鲜盒存放食材，可以保证各食材有效分开，避免食材交叉污染，而且保鲜盒的清洗和使用也很简单。另外，使用保鲜盒方便贴标签记录食材品名、生产日期、保质期，这也有助于相关人员拿取。

冰箱和库房中食材和物品的存放一定要遵循先进先出、生熟分开的原则。先进先出原则是指先进的货一定要先使用。为了更好地实施先进先出原则，就要对食材有所区分，可以选择用盒子做区分，也可以选择用标签做区分，比如用白盒子装旧货，或者同样的食材用同样颜色的盒子盛装，但要使用不同的标签。生的食材和熟的食材一定要分盒子装，甚至一定要分冰箱存放，防止交叉感染。库房使用进出库登记表对当天所有进出库房的货物进行登记，可以是谁放进去的货谁登记，但最好统一交给管理人员登记。餐厅应保持进出库的货物可记录可追踪，提高货物的使用效率，避免出现丢失并减少浪费。

请根据本节所讲知识，使用"凉菜间订货单"进行一次订货操作。

第四节　餐厅毛利：餐厅毛利的控制方法

什么是毛利及毛利率

毛利是餐厅中非常重要的一个经营管理评估指标，餐厅的毛利越高，相对利润就越高，餐厅的毛利越低，相对利润就越低。

毛利和毛利率是餐厅的经营衡量指标，简单来说毛利是产品的经销差价，也就是产品的进货价和销售价之间的差价。例如，一份土豆丝成本价是 5 元，售价是 20 元，那么它的毛利就是 20-5=15 元。毛利不是门店的净利润，它是某个产品或所有产品的直接成本和直接售价之间的粗放利润，也叫作毛利润，房租、人工、水电等相关费用并没有计算在内。

在餐厅，毛利包括单品毛利、食材毛利和酒水毛利等。单品毛利就是单个菜品的毛利，食材毛利就是所有菜品的毛利，酒水毛利就是所有酒水饮料的毛利，这些毛利可以分开计算也可以整体计算。很多餐厅对毛利的计算方法很简单，用本月营业额减去本月所有食材成本就计算出本月毛利，比如这个月营业额为 50 万元，这个月进货花费 20 万元，那么毛利就是 30 万元。我们都很清楚，这个营业额并不全是菜品销售得到的，还有酒水销售，也可能还有其他收入并入了这个营业额中，因此这样算出的毛利是不准确的。同时，我们只知道所有原材料的毛利，并不知道个别产品的毛利甚至某一类产品的毛利。

毛利占销售额的比例就是毛利率。例如，鱼的成本为5元，售价为15元，那么毛利就是10元，毛利率就是毛利除以售价乘以100%，即 $10 \div 15 \times 100\% \approx 66.67\%$。这里考虑的只是鱼的直接成本，除了这些成本，制作菜品用到的葱姜蒜和调料这些相关成本也是要计算进去的。我们可以理解为鱼的进货价是4元，所有的原材料（如葱姜蒜和调料）加起来是1元，那么总成本就是5元，这就是这道菜的成本。所以一道菜的成本是所有的主料加上辅料、调料的成本。

毛利和毛利率的关键点如下。

（1）厨房毛利率的高低决定了餐厅的盈利能力，因此一般来说餐厅的毛利率越低则代表餐厅盈利能力越差。假设一个月的营业额是50万元，如果毛利率下降一个点，那么就要少赚5000元。

（2）毛利率并不是越高越好，因为如果毛利率特别高，可能会让顾客觉得很不划算，性价比很低，因此餐厅需要在顾客感受和餐厅盈利之间找到一个平衡，通常餐厅的毛利率范围是58%~70%。如果一条鱼的进价是5元，经过加工后卖出15元，那么它的毛利率还算适中。如果让它的毛利率更高，通常有两个办法。第一个办法是降低成本，改用3元的鱼，还是卖到15元，这样毛利和毛利率肯定会更高，可是3元的鱼卖到15元，顾客会不会觉得不划算呢？这是我们需要思考的问题。第二个办法就是提高售价，将进价5元的鱼卖到18元，这样毛利就变成了13元，毛利率当然也更高，可是顾客会觉得划算吗？所以毛利率应该有一个适当的范围。但要注意，这个范围指的是整个餐厅的毛利率范围，而不是某一道菜。餐厅当中的某一道菜的毛利率可以很低，低到20%都有可能，但是也有个别菜的毛利率很高，可能高达 80% 甚至 90%。不同类型餐厅的毛利率差别是不一样的。

（3）有些产品的毛利率高，但是毛利不一定高，有些产品毛利高，但毛利率不一定高。例如，成本为 3 元的一道素菜，卖 15 元，毛利为 12 元，毛利率为 80%；而一道成本为 20 元的荤菜，卖 50 元，虽然毛利率只有 60%，但是它的毛利却高达 30 元。通常情况下，餐厅在进行综合计算的时候要看毛利率，而在计算单品的时候要看毛利。

（4）餐厅毛利率的高低，既与成本的控制好坏有关，也与餐厅的销售收入有关，因为收入减成本等于毛利。同时，餐厅的销售收入与自身的促销活动有关，最终还是要看实际到手的收入，而不是看虚收。虚收也叫作应收，它有可能很高，但是当打折 10%、15% 的时候，也就意味着餐厅的实际毛利率其实可能是下降的。

（5）毛利率并不是一成不变的，而是有范围的，凉菜的毛利率范围可能是 65%~80%，热菜的毛利率范围可能是 55%~65%，不同的品类有不同的毛利率范围，菜品的标准毛利率只能作为参考，不能作为最终衡量一家门店的标准，因为通常进货量越大，某种菜品的毛利率就会相对越低。比如在上面的例子中，一条鱼的进货价是 5 元，卖 15 元其毛利率就是 66.67%，但这个毛利率并不能作为鱼类菜品毛利率的标准，只能作为参考，所以我们把它叫作标准毛利率。因为当进货 1000 条鱼的时候，成本达到 5000 元，但这并不意味着你可以卖到 15000 元，这中间会有多种问题制约标准毛利率的达成，比如当你买 1000 条鱼的时候，难免会有一些死亡的鱼，也可能会由于技术不熟练导致产品有问题不能销售，所以损坏、技术不熟练、烹饪不合理，这些都会造成成本的损失。也许今天做促销买一条送一条，成本虽然是 5 元，但是实际每条只相当于卖了 7.5 元，这些都有可能使毛利率无法达到标准。

在日常工作中该如何提升毛利

要想在日常工作中提升毛利，店长需要熟悉餐厅生产销售的基本流程。一般来说，整个餐厅生产销售的基本流程如下所述。

（1）采购环节。采购环节将原材料从市场上运入门店，或者由供应商将原材料送到门店。

（2）加工环节。采购回来的原材料有可能带着泥土、老叶、根等，因此需要进行粗加工处理。原材料经过粗加工后，还需要进行深加工，加工成能使用的配菜。

（3）配菜环节。根据菜品的制作标准，相关人员应提前把需要使用的已经深加工好的材料，按标准一份一份地组合搭配起来，这个过程就叫配菜。

（4）烹饪环节。烹饪环节就是厨师对配好的原材料进行烹饪，将所有原材料加工制熟，变成可以上桌给消费者消费的菜品。

（5）销售环节。对餐饮行业来说，销售是烹饪的上一个环节，也就是先有了销售才会去烹饪。销售环节也是有可能影响毛利的。

我们简单地对每一个环节做一些介绍。

（1）采购环节。在采购过程中，相关人员要特别注意原材料的成本和规格。规格就是在采购时对原材料相关标准的要求，比如选土豆时，不能选那些大小相差比较大、形状奇特的土豆，因为这样的土豆加工生产起来有可能会产生浪费。

（2）加工环节。加工环节包括粗加工即去皮、去根、去老叶，还有切削分割成块状、片状等。相关人员还需对经过粗加工的原材料进行常温保存，对经过精加工的原材料要装保鲜盒或装筐，放在保鲜冷柜中进行管理，这是加工之后的管理过程。

（3）配菜环节。这是非常重要的一个环节，所有的原材料都应该过秤，提前用电子秤称好，然后再进行加工，如果配菜过程中没有做好这些工作，产生原材料浪费的可能性就会增加。

（4）烹饪环节。在烹饪环节要考量两个很重要的问题。一是烹饪技法，就是烹饪的方法，是先煎还是先炸、是先烤还是先卤，烹饪技法会决定菜品的成功率和口感上的好坏，如果做得不好就会导致顾客投诉。二是熟练度，烹饪菜品的速度、菜品的稳定性，也会影响菜品的毛利率。

（5）销售环节。餐厅会在销售的过程中做一些营销活动，比如买一送一、买二送一、第二份半价等，有时餐厅也需要因为应对顾客投诉而给予打折处理，所以这个环节经常会损失毛利。

一般来说，采购环节对毛利率的影响比例大约为10%，加工环节和库存环节对毛利的影响比例大约为50%；配菜环节对毛利率的影响比例大约为20%；烹饪环节对毛利率的影响比例大约为10%；销售对毛利率的影响比例大约为10%。

综合来看，对餐厅整体毛利率影响最大的是加工和配菜这两个环节，这两个环节对毛利率的影响比例达到70%甚至更高，所以店长应严抓加工和配菜流程。

那么，对于这些影响毛利率的环节，店长应如何管控呢？

在采购环节，店长首先要注意采购比价和供应商的结算方式。采购人员可按月或按半月确定一次采购价格，在确定采购价格前一定要去市场上比一比价格，了解市场情况，不要只是依靠一个市场或一个供货商，无底线地相信其价格。供应商的结算方式也很重要，结算方式包括按天、按周、按月、按季度结算等，选择哪种结算方式也影响着餐厅的采购成本。其次，应制定原材料的采购标准及收验货的要求。各类原材料都应该有相关的采购标准，比如什么样的土豆不能买，什么样的鱼不能买，这就是原材料采购标准；制定收验货要求就是确定什么样的货能收，什么样的货不能收。在货品没有进厨房之前，餐厅不需要承担成本，但是一旦相关人员验收并签字确认，这个成本就需要餐厅承担了，验收后再发现问题就会影响餐厅的毛利。

在加工环节，店长需要注意以下三点。

（1）明确加工标准。任何食材的加工都应该有标准，比如食材的出成率是多少，必要的时候要对出成率进行检查。假设芹菜的出成率要求达到70%，那么就需要在相关人员加工当天采购的 10 斤芹菜后对其进行称量，如果称量只有 6 斤，那么就表示加工环节损失了 1 斤芹菜，这就是对加工环节的标准出成率的评估。

（2）明确库存管理标准和储存管理标准。储存管理标准就是对冰柜、冻库、货架上的每一件货品的管理标准，比如哪些货品要装箱，哪些要装瓶，哪些要加膜，哪些要加盖，保存期限是多久等。若不明确储存管理标准，就会导致食品安全问题的产生，以及造成食材浪费。

（3）一定要加强相关人员的刀功练习。刀功在粗加工和精加工的环节非常重要，刀功好切出来的东西精度就高。

在配菜环节，每一道菜都要过秤。假如一道菜品可能有四种原材料，每一种原材料都应该过秤。凉菜的原材料更要过秤，因为凉菜的制作不只包括每道菜的原材料，也包括里面的汁水、酱料等，这些都需要过秤。

在烹饪环节，要使厨师加强对菜品烹饪流程和标准的掌握。利用产品 SOP 对产品烹饪标准进行规范和约束是非常重要的，无论是做面点还是做炒菜，都必须遵守每道产品烹饪环节中的标准和流程管控。另外，厨师长一定要抽查菜品的品质，高峰期厨师长一定要在新手的身边检查其做出的成品的质量，或者在出菜口跟进产品的品质。

在销售环节，店长首先要注意营销工作的执行，确保不超额也不超标。其次，一定要控制退菜和顾客投诉的次数，并对问题进行分析，以减少销售端不应该产生的浪费和损失。餐饮店长可以使用毛利管控要点表对门店的毛利进行管控，以提升管控效率。本书附赠资源包含一份毛利管控要点表，店长可以根据需要按照前勒口列示的路径下载使用。

课后作业

制作一张"毛利管控要点表"，针对门店毛利管控的各个方面写清楚需要长期坚持控制的项目有哪些、容易出问题的有哪些等。

第六章

销售管理：

顾客引流、保留及增收的方法

第一节 创造私域流量：
建设餐厅自己的顾客圈子和顾客黏性

什么是私域流量

私域流量并不是一个新名词，只不过现在才被餐饮企业反复提到。私域流量是相对公域流量而言的，如果店长希望把公域流量吸引到自己的餐厅，就必须投入一定的获客成本，比如线上、线下的广告费，以及折扣等。私域流量的获客成本是极低的。

对于餐饮企业来说，私域流量一般是指在餐厅消费过的顾客及粉丝，包括餐厅公众号的粉丝群体及用户社群，对于这类顾客，店长可以更好、更直接地实现触达，并对他们产生影响，从而使其产生消费和复购。

私域流量运营框架如图 6-1 所示。

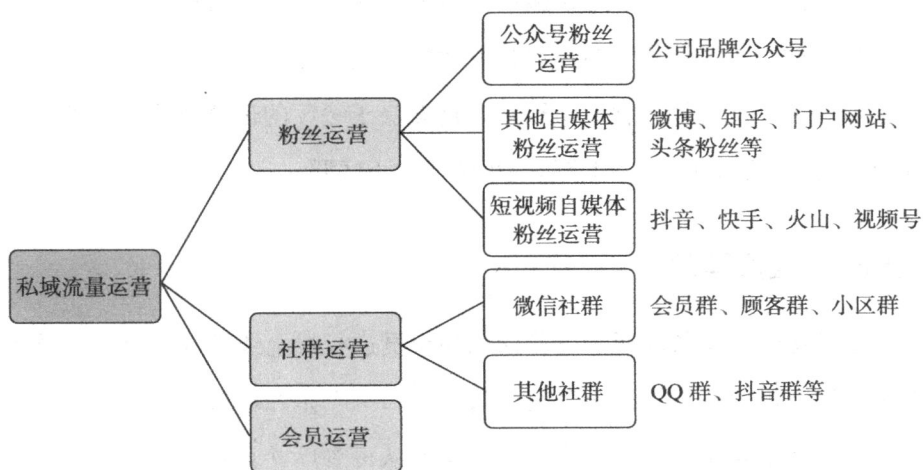

图 6-1 私域流量运营框架

私域流量运营主要分成三个方面，分别是粉丝运营、社群运营和会员运营，这里主要介绍粉丝运营和社群运营。

（1）粉丝运营。粉丝运营包含以下三部分。

① 公众号粉丝运营，即利用企业的微信公众号进行粉丝运营。如果餐饮企业在不同的城市拥有几百家门店，那这些门店是使用统一的微信公众号，还是在不同的城市使用不同的微信公众号呢？建议餐饮企业先建立一个总微信公众号，也就是建立一个属于总公司的微信公众号，然后以城市为单位，建立单独的微信公众号，以利于企业品牌的传播。

② 其他自媒体粉丝运营。其他自媒体包括微博、知乎、今日头条和各门户网站等。相比其他自媒体，微博和微信的影响力更大，餐饮企业应充分运用这两个平台进行粉丝运营，尤其是微博。同时，网易、搜狐等门户网站也是维护粉丝的重要阵地。

③ 短视频自媒体粉丝运营。短视频自媒体也是私域流量的一种，比如抖音、快手、火山和一些视频号等，这也是值得餐饮企业运营的。

（2）社群运营。社群包括微信社群和其他社群。微信社群可分为会员群、顾客群、小区群等。会员群是餐厅的会员顾客。顾客群一般是餐厅的非会员顾客，也可能包含会员顾客，这取决于餐厅的运营模式。另外，餐厅通常会以门店为中心、以小区为单位建立小区群。

如何做好会员运营

会员运营就是餐厅通过会员活动与会员进行线上线下的交流。会员运营主要围绕两个模块，一个是会员管理，另一个是社群管理。顾客既然愿意成为餐厅的会员，那么他肯定已经高度认可餐厅并具有一定的黏性，所以会员是餐厅的私域流量。我们将会员做一个等级的区分，具体包括以下五种。

（1）储值会员。储值会员就是顾客在餐厅有预存款，就餐时扣款消费或按次消费。扣款消费就是消费一次扣一次预存款，消费多少扣多少，这种消费模式适合大部分餐厅。按次消费适用于自助餐厅，因为自助餐厅的价格是相对恒定的，如果买一张 10 次卡 1290 元再送一次，这也是储值。所以发展储值会员是餐厅常用的一种会员管理方法。

（2）积分会员。积分会员就是顾客成为会员后根据消费的金额获得对应的积分，会员可以用该积分获得对应的权益。比如每消费一元获得一个积分，这种方式是比较常见的。也可以设置消费 20 元积分 20 分，相当于一元抵用。积分会员与储值会员是可以交叉并存的。

（3）折扣会员。折扣会员就是享受不同等级的会员卡所带来的折扣优惠。比如花 500 元购买一张银卡，以后只要来消费就可以享受八折优惠，花 1000 元购买一张金卡，消费时享受七折优惠，也可以花 2000 元买一张钻石卡，消费时享受六五折优惠等。

（4）注册会员。注册会员就是顾客在餐厅消费后注册成为餐厅的会员，当次消费就可以享受会员价和少量的优惠券。顾客只要来消费就可以扫码注册成为会员，注册会员是免费的，同时可以享受会员价，另外还可以使用一张优惠券，可以说会员价和优惠券基本上就是白送的。

（5）粉丝会员。粉丝会员就是仅关注餐厅的微信公众号但没有消费的会员，粉丝会员的黏性是比较差的，其互动性也比较差，但是粉丝会员是最容易获得的，只需要付出很小的代价（如优惠三五元）就可以获得。粉丝到底有没有用？对大部分非餐饮企业来说，粉丝是有一定价值的，但是对餐饮企业来说，粉丝在公众号里不能得到优惠，不能参与活动，不能成为会员，不能通过公众号进入会员体系，那这样的粉丝就是所谓的"小白新"粉丝，是没有价值的，所以它的流失率会很高。很多餐饮企业的粉丝会员流失率在 40% 以上，因为活动和折扣的推广并不能让粉丝会员持续不断地享受一定的优惠，因此其也不会长期关注公众号。餐饮企业一定要让粉丝会员成为上述的某一种会员，否则纯粹的粉丝会员基本上都会沦为"死粉"。对于一个初建公众号还没有粉丝的新品牌来说，通过赠送可乐、赠送一些小菜、结账的时候减免一定的餐费，能够初步积累一些原始粉丝，然后再慢慢地把粉丝转化成注册会员，再转化成储值会员和积分会员是完全可以的。这是新品牌、新店可以考虑的方式，但是并不建议长期使用。

那么，店长应该怎么运营会员呢？

餐厅应先让消费者成为注册会员，使其可以享受会员价，同时可以不定期地享受一些优惠措施，这是使消费者注册成为会员的一个基本条件。现在很少有 App 允许使用者以游客的身份进入，一定会要求其注册，所以注册会员是一个很常见的行为。餐饮店长一定要让顾客尽量成为注册会员，当有大量的顾客从游客身份成为注册会员的时候，店长就可以不断地引导他们成为储值会员。消费者成为储值会员后可以享受一定的储值返现政策，享受会员价。同时，建议让所有的注册会员和储值会员都可以享受消费积分制度。对于消费积分的获得方式，可以选择高消费低积分，也可以选择低消费高积分，餐厅可根据自身的实际情况设计。消费积分可以兑换礼品，可以参与活动，可以抵现。餐厅可以在公众号或会员系统中增加一个礼品兑换专区，以便让会员用消费积分兑换一些汽车用品、家庭用品、办公用品等。再有就是让其享受一定的会员折扣。我们建议餐厅的会员制以注册会员制为主，如果有 10 万注册会员，其中有 1 万到 2 万是纯粹会员，同时他们都可以享受会员价及会员积分，这种会员设置方式是非常合理高效的，并且可以增强会员的黏性。

会员的管理通常包含以下四个流程。

（1）引流更多新会员。该怎么引流更多的新会员呢？首先，餐厅应在菜单上面设置会员价来吸引更多顾客的关注并成为会员。其次，一定要给员工奖励，即当员工引导顾客成为会员后，员工可以得到一些奖励，比如每发展一个顾客注册成为会员，员工就可以获得 10 元奖励，一天发展 10 个顾客就可以获得 100 元。如果员工将顾客发展成为储值会员，可以根据储值额度对员工进行奖励，比如顾客储值 500 元即发放 3% 的奖励，这样员工才有信心和动力去促销更多的会员卡。最后，设置新会员的激励，比如在顾客成为新会员后，为其提供优惠券、菜品赠送、消费立减等优惠政策。

（2）与老会员互动。对于老会员，餐厅要经常与其进行互动，比如设置会员日。会员日可以一周一次、一周两次，也可以一个月一次，这取决于餐厅的具体规划。对于会员日的优惠政策，如果平时会员享受的是九五折优惠，那么在会员日当天，会员可享受部分菜品半价的优惠，这样对会员的吸引力就会非常强；或者会员在会员日到店消费时，享受双倍积分，并可以获得一次抽奖的机会等。另外，餐厅也可以在儿童节、妇女节、端午节等节假日为会员提供优惠活动。

（3）激活"沉睡"会员。"沉睡"会员就是很久不来餐厅消费的会员。"沉睡"会员分为两类：一类是一到两个月内没有到店消费的会员，对于这类会员，可以赠送其一张 50 元的代金券，刺激其到店消费；另一类是两个月以上没有到店消费的会员，对于这类会员，餐厅可以为其提供力度更大的优惠，比如给他 100 元的优惠券。

（4）进行会员数据分析。建议店长从以下两个角度进行会员数据分析。

① 以月为单位制定会员任务目标。比如某门店要实现将 200 个顾客引导为注册会员，以及每个月完成 18 万元的储值任务，店长应想办法激励员工完成目标。如果门店没有一个会员积累目标，那么门店员工的会员发展

意识就会变得淡薄。

②对会员的办理、消费和流失这三种情况进行数据统计。当月新办理的会员有多少？每周办理了多少？成为注册会员的有多少？成为储值会员的有多少？储值 500 元的会员有多少？储值 800 元的会员有多少？这些都是当月会员的办理数据，对此店长一定要统计清楚，对会员的增长做到心中有数。会员的流失也是要关注的，店长还应该关注当月顾客的消费频次，例如，储值 300 元的会员的消费频次，储值 500 元的会员的消费频次，这个月会员消费台数占比等，这些都需要店长带着团队进行分析。这里有一些数据供大家参考：会员的消费台数占比一般要在 30% 以上，理想状态是达到 50%~60%。如果连 30% 都没达到，说明储值客户对餐厅的黏性很差。

如何做好社群管理

一般来说，餐厅的社群分为三种，即外卖顾客群、线下顾客群和会员群。

组建社群的方法如下。

（1）生成社群二维码，让顾客扫码进群。社群二维码可以是基于微信生成的二维码，也可以是基于钉钉生成的二维码。微信群一般只有 100 个人扫码有效，剩下的人扫码就进不来了，所以一般应多建几个百人微信群。

（2）以群发或公众号文章等多种形式将二维码推广出去，也可以把二维码打印出来，以抖音视频的形式推广出去。

（3）如果不能通过二维码加入餐厅的微信群，那么可以推广门店店长的二维码，让所有人加店长的微信，再由店长把这些人拉到群里面。

（4）在门店中，店长和服务员可以以沟通交流的方式添加顾客的微信并且将其拉入社群。社群的名称也可以定义为某某店红包群、某某店长期优惠群、某某店抽奖群等。总之，这种方式会与消费者产生强烈的互动。

管理社群最重要的就是互动，而不定期地群发红包就是常见的互动方式。每周发两次红包，肯定会吸引消费者的参与。尤其是在公众号有新活动，或者需要顾客参与留言的时候，餐厅可以把活动海报设计好发到群里，然后用红包与顾客进行互动。餐厅也可以做一些简单的调查问卷发到群里，让顾客参与线上问卷调查，只要参与调查的顾客都可以获得免费甜品或饮品，这些都是与社群中的顾客进行互动的方法。

店长一定要让客服人员及时解答顾客在群里面的疑问、投诉，还要把解决后的照片发到群里，让顾客感受到诚意。

如果有挑事的顾客在群里扰乱秩序，比如恶意投诉、恶意捣乱等，那么要立刻把这类顾客移出群聊，因为这类顾客会影响其他顾客的判断。

会员群里可以不定期地发放红包，并且进行抽奖，邀请中奖会员参与线下活动。比如发一个 20 元的随机红包，设置 20 人可抢，并邀请抢得最多的前 10 位顾客参与新品试吃、享受某产品七折优惠等线下活动。

以上这些活动都需要店长和公司的运营团队共同设计。如果店长想做相关的活动以解决一些问题，如需要发一些红包或优惠券，那么需要与运营人员协商。

课后作业

请根据本节所讲知识，创建一个门店的顾客微信社群，并制定一份社群管理方案。

第二节　外卖策略：打通线上的外卖销售策略，掌握外卖销售技巧

了解外卖现状

为什么要了解外卖现状？主要是为了对外卖行业有一个更深层次的认知和了解。我国外卖产业整体发展态势还是比较好的，2020 年全国外卖市场交易规模达到 8352 亿元，同比增长 14.8%。外卖主要以正餐、甜点和饮品为主，正在从餐饮向非餐饮市场拓展，如生活超市、生鲜果蔬、鲜花绿植等多个消费场景。在各外卖成交时段中，一般午高峰期是 11:00—13:00，晚高峰期是 18:00—19:00。作为一名店长，如果不了解外卖高峰期，不做好人员的协调、物料的协调和生产线的协调，那么运营过程就会不顺畅，就会影响餐厅的效益。

掌握外卖的专业知识点

外卖的专业知识点包括四率，爆款和引流款产品，活动设置，新店爆店的压力测试及外卖岗位职责。

（1）四率。四率是指曝光率、点击率、转换率和复购率。

曝光率就是门店可以被多少人看到。线上门店和线下门店其实是一样的，线下门店每天都有很多人路过并看到门店，而在线上，每天都有很多人用美团、饿了么点外卖，当他们打开手机的时候，有多少人能看到你的线上门店呢？

只让别人看到门店还不够，还需要让他们进入门店。看到了门店之后

有多少人点击进店了，这就是点击率。进到门店之后有多少人下单，这就是转换率。复购率就是第一次下单之后有多少人再一次下单。

对于门店来说，影响曝光率的第一个因素是排名，排名越高越容易被看到。那排名又受哪些因素的影响呢？

① 交易额。交易额包括门店日均交易额和月累计交易额，交易额会影响门店在线上的排名。

② 好评度。好评度衡量的是顾客对于门店的产品、包装、口味、配送的满意度。

③ 中差评的数量。三星以下的评价都是中差评。

④ 销售的单量。

⑤ 活动的力度。活动力度就是满减、返赠或者减配装费等优惠的力度。

⑥ 好评的数量。只有好评没有数量，排名依旧上不去，所以好评的数量一定要多。

影响曝光率的第二个因素是流量推广，其又分为线上流量推广和线下流量推广。线上流量推广主要包括计价付费、提升排名等推广。线下流量推广包括宣传单推广等。店长可以做一些小的活动卡片，在周边写字楼、医院等区域分发，吸引顾客进店。

影响点击率的因素如下。

① 品类和产品的选择。在 App 中选择经营品类一定要符合门店产品实际，做火锅的选择小炒类就肯定不行。

② 餐厅的 LOGO 和店名。餐厅的 LOGO 和店名一定要精心设计，要有一定的辨识度和区分度。

③ 配送距离和配送费。一般的配送距离为 3~5 千米，当然也有全市配送的门店，配送费一般是 2~10 元。距离和配送费也会影响点击率，有些人

看到距离太远，配送费太高，就不会点击查看了。

④ 评价分值。一般评价分值 5 分为满分，店面的评分不要低于 4.5 分，不然会影响点击率。

⑤ 销量和活动力度。销量就是外卖订单量。满减、满赠、折扣，以及减配装费都属于活动。这些活动的力度也会影响点击率。

⑥ 好友推荐。这也是影响点击率的重要因素。

影响转换率的因素如下所述。

① 活动实际效果。

② 菜品的图片和描述。

③ 评价的内容。

④ 动态评分。

⑤ 爆款产品、人气热卖款产品。

⑥ 引流菜品。

（2）爆款和引流款产品。爆款产品必须是双高产品，即高毛利和高销量产品。引流款产品是能给门店和商铺带来流量的产品，肯定是相对便宜的，其利润几乎为零甚至更低，引流款产品一定要低价格，高品质。

（3）活动设置。对于门店外卖活动设置，有以下几点需要注意。

① 在热门活动设置中，满减活动的开展目的是促销和提升客单价，减配送费是为了引流和促销。

② 主题活动中的集点返券，主要目的是拉回头客，在设置下单任务后，顾客达标了就会发放优惠券吸引其继续下单。

③ 店内领券的目的是提升客单价。

④ 加价换购的作用也是提升客单价。

⑤ 折扣商品的推出主要是为了推销新品、推爆款和促销，用户购买指

定商品可享受，和其他活动不同享。

⑥门店新客立减是用户初次在门店下单可以享受减免优惠，目的是拉新、引流。

⑦售卖代金券的目的是提单量、引流，用户购买同享券后可提前锁定用户订单。店外发券的目的是拉新和引流，使用多种渠道发放代金券可以吸引更多的客户。

⑧买赠活动的目的是推新品和促销，用户购买指定商品可享受买 A 赠 B 优惠。

⑨满减运费是用户订单满足条件时可减免配送费，目的是提升客单价和引流。

（4）新店爆店的压力测试。新店爆店的压力测试就是要了解门店生产负荷量，了解门店在高峰期最多能够完成多少单，能够生产多少产品，怎样打包更快。其还包括配送反馈，与取餐、送餐、服务及配送范围等相关。在了解了门店的相关产能后，门店店长就要与配送站站长进行沟通，协调生产和配送。生产这个环节是非常重要的，堂食和外卖的生产如果协调不好，会产生冲突，影响品牌形象。

（5）外卖岗位职责。外卖岗位是一个非常重要的岗位，如果职责不清晰，可能会导致混乱，进而影响效益。外卖岗位的职责与工作任务如下所述。

①负责外卖区域的卫生、设备、安全、管理、沟通、协调等。外卖岗位人员要与店长、骑士和内部生产人员进行沟通，协调堂食和外卖的运营。

②做好各外卖平台的站长维护和骑士维护工作。维护好与站长的关系，可以保证取餐工作的顺利；维护好与骑士的关系，可以保证送餐工作的顺利。

③ 负责打包区域的各项工作流程梳理及标准落地执行。

④ 负责外卖涉及的各项原材料及物料的成本控制，从而达到公司制定的费用指标。

⑤ 负责对外卖平台的点评回复、差评处理和客户回访工作。不管好评还是差评，相关人员都需要进行回复。

⑥ 随时与厨师长沟通协调外卖菜品的出品速度、菜品评价，并提出合理化建议。

⑦ 协调各工作站之间的配合及沟通工作。

外卖岗位工作标准流程如下所述。

① 线上平台检查。线上平台检查包括检查平台是否显示可接受预订单；检查平台是否显示正常营业；检查平台菜品是否有估清未恢复，如有特殊情况可合理暂停某个菜品的售卖；检查活动是否正常在线，包括满减及其他活动；分析今日订单和昨日订单的对比情况。

② 餐前准备。外卖岗位的餐前准备是非常重要的，其要在餐前做好以下准备工作：a. 检查所需要的订书机、打包袋、物料是否准备完成；b. 按照保底量备齐备足所需要的餐盒、菜品小料、调料等；c. 按照储备保底量，在10:30前把部分可以提前预制的产品备好，放进保温箱保温，高峰期可以节约时间；d. 与厨房对接预订单，按照预订单的时间和厨房沟通菜品的制作时间，并按照时间节点打包完毕；e. 在顾客需要送达时间的前20分钟完成制作过程，打包好放在保温箱等待骑士取餐；f. 在打包区域为骑士免费提供冷热饮。

③ 餐中注意事项。餐中注意事项包括：a. 准备好所有的基础工作，包括分餐打包工作；b. 按照接单时间顺序排列好订单；c. 打包时间最多15分

钟；d. 按照顺序打包的同时需要划单，再根据来单的时间及时协调未出的菜品，争取在 15 分钟内把菜品制作完毕；e. 对于已经打包好但骑士还没来取餐的食物，应进行保温处理；f. 忙场高峰期时段，如果门店爆单忙不过来，可暂停几分钟外卖平台，一般不要超过 15 分钟；g. 对于顾客因为送餐慢打电话过来投诉或咨询的，要用标准并诚恳的话术进行沟通。

外卖差评分析表对餐饮店长来说是一个不错的分析工具（如表 6-1 所示），如果需要请按照本书前勒口列示的路径自行下载。

表 6-1　外卖差评分析表（3 星以下为差评）

	类别	第一天	第二天	第三天	第四天	第五天	第六天	第七天	累计	占比
店 A	品质问题									
	异物差评									
	产品漏装									
	产品错装									
	配送原因									
	其他									
	合计									

课后作业

根据本节所讲知识，制作一份"外卖差评分析表"。

第三节　门店促销引流的方法：
做好单店商圈营销及配合公司做好营销

什么是商圈

做营销就必须要搞清楚什么是商圈。商圈就是在商业角度上有经营价值的圈子。商圈有两种分类方法，第一种是根据商圈的属性划分，第二种是根据商圈的范围划分。下面为大家简单介绍几种常见的商圈。

第一种是住宅型商圈。 这种商圈里基本没有写字楼、商场，主要都是住宅，像北京的回龙观、天通苑。住宅型商圈有很多的住家人口，白天基本上没有什么人在外面消费，而到了晚上很多人下班回到家里，可能会在周围有一些消费。所以这样的商圈适合休闲餐饮、中高端餐饮、正餐餐饮等入驻，而对于快餐可能就不是十分适合。除此之外，这些商圈中也有很多老人和儿童，所以也适合开设健康养生类餐厅。

第二种是办公型商圈。 办公型商圈包含很多写字楼，所以其特征就是工作日的白天有很多白领等工作人员，晚上和周末人流量相对较小。这样的商圈更适合做快餐和少量正餐的餐厅入驻，满足工作餐及商务宴请的需求。

第三种是购物型商圈。 购物型商圈也被称为综合体商圈，如购物中心，其包含了零售业、餐饮业、娱乐业等几种业态。这种商圈一般在工作日晚上、周末及节假日人流量比较大。所以开在购物型商圈的餐厅平时能做到保本就不错，周末和节假日期间的收入和利润可能会翻倍。这种商圈一般更偏爱新兴餐饮品牌和新兴餐饮品类，也会不断地淘汰没有竞争力的餐饮品牌，其与入驻餐饮品牌的签约时间不会特别长。

第四种是教学型商圈。教学型商圈里包含很多学校，如北京的五道口商圈包含清华大学、北京大学、北京科技大学等知名高校。教学型商圈的特点是什么呢？这些商圈中的人群更愿意接受一些新鲜的、时髦的同时消费水平又不会特别高的餐饮品牌。开在这种商圈的餐厅除了寒暑假之外的时段客流量都不错，但要考虑怎么应对寒暑假的低客流量时段。

第五种是枢纽型商圈。枢纽型商圈典型的坐落位置是交通枢纽，包括汽车站、火车站、地铁站等。例如，广州有一个地铁站叫作天河城，位于天河中心，地下开设了错综复杂的商业街，包含餐饮、服饰、商超等业态，商业氛围很好。大部分坐落于枢纽型商圈的餐厅，如开在机场、火车站的餐厅通常价格很高，因为目标顾客基本很少会成为回头客。开在枢纽型商圈中的餐厅应提升上菜效率，同时保持卫生整洁、环境安静，这样才更容易吸引赶路者。

第六种是景点型商圈。景点型商圈十分常见，像北京的南锣鼓巷、成都的宽窄巷子、福州的三坊七巷、上海的城隍庙、南京的夫子庙等，都是景点型商圈。景点型商圈中的餐厅的目标顾客主要是游客，本地人在日常休闲的时候也会去，但去的次数不会特别多。这些地方的娱乐性比较强，商铺租金也非常贵，人流量有淡旺季之分。开在景点型商圈的餐厅应具有特色，并应与景点的主题和底蕴保持一致。

通常一家餐厅的辐射范围是有限的，一个 100 平方米的小店，其顾客的辐射范围不会超过 1 千米。当然，随着餐厅规模的扩大，其辐射范围会增大。所以，如果餐厅不大，顾客的辐射范围没有那么大，那么门店店长就需要做好规划，选择好要入驻的商圈。

对于商圈的分析，店长需要记住以下几点。

第一，纯粹的商圈相对比较少，大多是复合型的商圈，比如教学型加住宅型，办公型加住宅型，教学型加办公型，办公型加购物型商圈等。一般是两种或两种以上的商圈交叉，像有些写字楼底下就是购物中心，在医院旁边是财政局，这些区域交叉就意味着顾客群体也是交叉的。

第二，商圈通常会有半径，其一般与餐厅的面积大小有关，餐厅面积越大辐射范围就越大。通常300平方米的餐厅辐射半径大约500米，以自己的门店为中心点画一个圈，这个圈里就是门店覆盖的顾客群体的范围。

第三，商圈内的环境不是一成不变的，其机构构成可能会随着时间的变化而变化，随着城市建设的变化而变化。比如餐厅旁边本来是个购物中心，很多去购物中心的人可能会选择过来吃饭，结果有一天购物中心关闭了，那商圈的环境也就跟着变化了。再比如一个住宅区一开始是没有多少人住的，随着时间的变化入住率越来越高，这也意味着环境发生了变化。门店店长应根据环境变化，调整门店的经营策略。

第四，店长应每个月做一次商圈巡查和调研，了解商圈内的变化，以便为自己及公司提供经营参考。

商圈内的单店营销策略

商圈内的单店营销策略包括以下四种。

（1）异业合作。

（2）目标客户拜访。

（3）创造营销机会。

（4）策划单店促销。

异业合作就是和非餐饮业进行合作，比如相互之间优惠券的发放，传单的摆放，包括洽谈一些互惠互利的引流方式。餐饮门店可以与美容美发店、水果超市、便利店、网咖等多个其他行业的门店形成资源联动。与其他行业的门店进行合作是非常有效的一种合作方式。

目标客户就是门店核心商圈内的客户群体。例如，社区餐厅以周边社区的居民为目标，可以去拜访物业，跟物业联合做一些社区活动来吸引社区顾客。

对于创造营销机会，门店店长需要明确哪些是营销机会。例如，单店周围的竞争对手开业了，店长也可以同步举办一些门店的活动来吸引流量；单店周边有位置比较好的广告位，可在必要的时候使用以提高餐厅的曝光率；可以与社区、写字楼、超市开展一些联合活动来提高知名度和曝光率，等等。

对于策划单店促销，店长要知道什么时候需要搞促销活动。一般来说，当门店位置不好的时候，要通过促销来引流；当价格较贵的时候，要通过促销降价引流；当 QSC 优化之后，需要通过促销来降低顾客的防御，重新赢回信任。但是当自己的产品品质、服务、环境卫生较差的时候，千万不要做促销活动。

店长可以采取五种比较常见的方式进行单店促销：（1）打折；（2）赠送；（3）满减；（4）换购；（5）返券。

如何配合公司做好整体营销

一般来说，一些大中型活动都是由公司统一组织和安排的，但公司的统一活动需要门店做好密切的配合和执行，以保证活动效果及品牌的一致性，门店店长在配合公司整体营销过程中应做好以下几点。

（1）对于公司下发的所有物料必须按时、按质地张贴、摆放到位。如公司设计的海报、吊旗、易拉宝、桌贴、台卡、电子海报等。不得污损、不得张贴歪斜，也不能贴在不该贴的地方，在活动期间，如果发现损坏、掉落、变形要立即进行更换和修补。

（2）对公司下达的推销话术的要求必须牢牢记住，全员执行，不能拖延。比如预热期的话术、执行期的话术等，门店店员不能闭口不言。每一位前厅的员工都应该能够立即迅速和热情地介绍促销活动，吸引顾客参与。

（3）对活动配发的各种定制物料必须妥善保管并安全存放。对于公司推出的购买套餐赠送玩具的活动，门店不得私自截流赠送的玩具，不得无故不赠送，也不能私拆包装、损坏物品等。

（4）对活动期间特别定制的菜品、套餐，或者用于促销的产品必须跟紧订货，确保货源充足，确保货品质量。例如，在活动期间酒水买一赠一，就不能在买赠期间断货。

课后作业

根据本节所讲知识，制作一份"商圈分析图"，以门店为中心，在地图上标注学校、医院、行政单位、交通中心等位置，增强对门店商圈的整体认知。

第七章

财务管理:

看懂数据,并用数据 发现和解决问题

第一节　看懂门店财务报表的结构：看懂收入、成本及利润之间的关系

门店的财务数据包括哪些内容

对于门店的财务数据，店长必须要看懂并且学会分析。门店的规范管理是为了实现更漂亮的经营数据，而没有一个店长在管理门店时是不需要分析财务数据的。没有数据的支撑，店长怎么知道管理效率的高低呢？又怎么知道成本控制是否有效呢？

那么，对于门店店长来说，哪些财务知识是一定要了解的呢？

会计要素是对会计对象按经济特征所归类的项目，是会计对象的具体化。依据《企业会计准则》：会计要素包括资产、负债、所有者权益、收入、费用和利润。其中，资产、负债和所有者权益，反映餐饮企业经济资源的现状和结构及财务状况，是资金运动的静态表现；收入、费用和利润，反映餐饮企业的生产经营成果，是资金运动的动态表现。

（1）资产。资产是指由过去的交易或事项形成并为餐饮企业拥有或者控制的资源，该资源预期能给餐饮企业带来经济利益。资产具有以下特征。第一，资产能够直接或间接地给餐饮企业带来经济利益。若某项目不能为餐饮企业带来经济利益，如报废的厨房设备，就不能作为餐饮企业的资产。第二，资产必须能为餐饮企业拥有或控制。如采用经营租赁方式租入的固定资产，餐饮企业就不应将其列作本企业的资产。第三，资产是由过去的交易或事项形成的。资产必须是由过去的交易或事项形成的现实资产，而不是预期的资产，如餐饮企业不能将计划未来购买的食品材料列作资产。

资产按其流动性（即变现能力的强弱）可分为流动资产和非流动资产。

流动资产是指餐饮企业可以在 1 年或超过 1 年的一个营业周期内变现或者耗用的资产，包括现金、银行存款、短期投资、应收及预付款项、待摊费用、存货等。非流动资产是指不符合流动资产定义的资产，包括长期投资、固定资产、无形资产和其他资产。

对于资产还可采用其他标准分类。如按其有无实物形态可分为有形资产和无形资产。有形资产是指具有物质实体的资产，如存货、固定资产等；无形资产则是指没有物质实体的资产，如专利权、商标权等。

（2）负债。负债是指餐饮企业过去的交易或事项形成的现时义务，履行该义务预期会导致经济利益流出企业。负债具有以下特征。第一，负债是由过去的交易或事项形成的。负债是餐饮企业过去已经发生的交易或事项所产生的结果，是现实的义务。未来可能产生的债务，如将来可能支付的赔款，不应确认为餐饮企业的负债。第二，负债的清偿预期会导致经济利益流出企业。餐饮企业通过转移资产、提供劳务或两者兼有的方式偿还债务，会导致经济利益流出企业。对于不需偿还的债务，餐饮企业不应确认为负债。

负债按其流动性（即偿还期限的长短）可分为流动负债和长期负债。流动负债是指餐饮企业将在 1 年（含 1 年）或超过 1 年的一个营业周期内偿还的债务，包括短期借款、应付票据、应付账款、应付利润、应交税费、其他应付款、预提费用等；长期负债则是指偿还期在 1 年或超过 1 年的一个营业周期以上的负债，包括长期借款、长期应付款等。

（3）所有者权益。所有者权益是指餐饮企业的所有者在企业资产中享有的经济利益，其金额为资产减去负债后的余额，即净资产。所有者权益具有以下特征。第一，所有者权益不像负债那样需要偿还，除非发生减资、清算，否则餐饮企业不需要偿还给所有者。第二，当餐饮企业进行清算时，所有者权益的清偿顺序排在负债之后。第三，所有者凭借所有者权益能够参与餐饮企业的利润分配，而负债则不能参与企业的利润分配。

餐饮企业的所有者权益包括实收资本、资本公积、盈余公积和未分配利润四个项目。

资产、负债和所有者权益是餐饮企业同一资金运动的两个不同方面。有一定数额的资产，必然有相应数额的负债和所有者权益；反之，有一定数额的负债和所有者权益，则必然有相应的资产。资产、负债和所有者权益三要素之间的关系用公式表示为：资产＝负债（债权人权益）＋所有者权益。

（4）收入。收入是指餐饮企业在销售商品、提供劳务等日常活动中所形成的经济利益的总流入。它不包括为第三方或客户代收的款项。餐饮企业的各项收入按其金额大小和发生的经常性程度，可分为主营业务收入和其他业务收入。

门店店长需要了解收入的来源和构成。餐厅每天会获得各种形式的营业收入，有一些收入是在线上获得的，有一些则是由线下获得的。例如，外卖业务的收入都是在线上获得的，所获得的收入涉及平台的扣点和账期，最后才会到达餐厅的账上。

随着科学技术的快速发展，收银系统也越来越智能。目前餐饮行业的收银系统已经可以将门店的收银系统和总部的收银系统连接起来，门店店长可以安装一个手机客户端，随时查看单店的收银情况。而且现在的收银系统还方便收银员或者店长做账、对账，自动生成报表，统计一天的收入，以及收入的构成。例如，某门店当天盈利 5000 元，1000 元来自线上支付，如支付宝、微信，1000 元来自美团，1000 元来自大众点评，剩下的来自线下刷卡和现金支付。这些数据会同步给店长的手机客户端，这样店长便可以直观地了解门店一天的收入情况，监督门店的收款。

（5）费用。费用是指餐饮企业在销售商品、提供劳务等日常活动中所发生的经济利益的流出。餐饮企业的费用按其与收入的关系，可以分为营业成本和期间费用。营业成本是指餐饮企业提供劳务或销售商品的成本。期间费用则是指在发生当期直接计入损益的费用，包括管理费用、营业费用和财务费用。管理费用是指餐饮企业行政管理部门为组织和管理生产经营活动而发生的各种费用，如办公费等；营业费用是指餐饮企业在销售商品、提供劳务等日常活动中发生的各项费用以及专设销售机构的各项经费，如广告费等；财务费用则是指餐饮企业筹集生产经营所需资金而发生的费用，如银行借款的利息支出等。

（6）利润。利润是指餐饮企业一定期间的经营成果。按形成的层次，餐饮企业的利润可分为营业利润、利润总额和净利润。营业利润是指餐饮企业在销售商品、提供劳务等日常活动中所实现的利润；利润总额是指营业利润加上投资净收益和营业外收支净额后的金额；净利润则是指利润总额减去所得税费用之后的余额。

收入、费用、利润三要素之间的关系用公式表示为：收入－费用＝利润（或亏损）。

除以上基本会计要素外，门店店长还需要了解一些结算方面的知识。例如，在采购过程中，很多供应商会为企业提供一个月的赊销期，此时就会涉及该笔采购如何入账的问题。另外，在采购的过程中，采购人员会收到增值税专用发票，那么又会涉及增值税进项税额抵扣事宜，这也是门店店长在有余力的情况下需要了解的财务知识。

如何分析门店的财务数据

目前，虽然很多餐厅都有财务报表，但是仍有很多餐厅没有，每天只做一份简单的手工账，导致到了月底很多财务信息不公开、不透明，记得不精准，而且又没有办法跟管理组进行核对。如果每个月的财务报表是统一的，门店店长就可以获得多店的对比和单店每个月的对比（环比）数据。同时，如果做了两年以上，门店店长还会获得同比数据。这些数据可以帮助店长发现和解决一些管理上的问题。

那么，餐厅的财务报表由哪些要素构成呢？首先，财务报表第一列的项目应该包含收入、成本、利润这三个方面；第二列的项目则对收入做分解，其可能包含线上、线下的收入，如美团、支付宝、大众点评、微信等平台的收入，以及门店收入等，应将每个项目的金额清晰地列出来。

成本这一列包含成本和费用两大项目，如食材成本、人力成本，还有一些能源费用，如水费、电费。食材成本中可能包含酒水饮料类、肉类、蔬菜类，还有一些米面粮油类等支出；人力成本包括员工宿舍成本、员工保险、员工福利等；能源费用包括水费、电费、燃气费，还有一些物料费，如低值易耗品费用、一次性用品费用。这些都需要清楚地列在第二列。

第三列是统计金额。例如，一个月以来的各项收入是多少，总和是多少，食材成本、人力成本及其各项支出分别是多少，总支出是多少，这些都是第三列金额的组成部分。

第四列是非常重要的比例部分。在总的实收营业额中，美团外卖收入占总营业收入的比例是多少，大众点评的收入占的比例是多少，微信收入、支付宝收入占的比例是多少。餐饮店长也需要知道，各项成本和费用占总额的比例，例如，餐厅这个月的总收入是 30 万元，成本那一行各项成本的总和可能是 15 万元，那成本和费用占收入的比例就是 50%，也就是说餐厅的毛利率可能就只有 50%。如果食材成本占到 40%，那餐厅的毛利率可能就是 60%。

再往下一行是人力成本，店长需要关注人力成本占总成本的比例。之后就是其他各项费用，这些费用加起来属于可控费用。另外，店长需要把房租列进去，房租是一项固定费用，不管营业额高低，其数值不发生变化，除非房租是按照营业额的比例进行提成的，此时便不再是固定费用。肯德基和麦当劳的一些门店就是分阶段提成的，如年收入在 1000 万元以下是一个房租比例，1000 万元以上则是另外一个房租比例。房租比例是一个变动的提成比例。

把四列数据按照上面介绍的做好，餐厅的财务报表基本上就成型了。用收入减去各项费用和成本，再减去房租，剩下的部分就是这个门店本月的营业利润。当然这中间我们没有算税，没有算各项折扣，没有算折旧，也没有算管理费。

表 7-1 为门店财务损益表示例，供店长参考。

表 7-1　门店财务损益表示例

主分类科目及解释		三级明细科目		占比（％）
		明细内容	金额数据（元）	
营业额部分	指标营业额	预估	140000.00	—
	应收营业额	应收营业额	150000.00	101.49
	折扣与折让	活动优惠	2000.00	1.35
		客诉退单、客诉折扣	200.00	0.14
		折扣与折让总计	2200.00	1.49
	实收营业额总计		147800.00	100.00
食材成本	菜品成本	上月与本月盘点差额	3000.00	6.98
		本月进货总价	40000.00	93.02
	食材成本总计		43000.00	100.00
毛利	菜品毛利		104800.00	—
	厨房毛利率		71%	—
人力成本	全体人员工资	工资额	15000.00	94.34
	全体人员奖金	业绩超额奖金	700.00	4.40
		新人介绍奖金	200.00	1.26
		奖单奖金	—	—

（续表）

主分类科目及解释	三级明细科目		占比（%）
	明细内容	金额数据（元）	
	门店工资总计	15900.00	100.00
人力成本	员工宿舍水费　宿舍：水费	—	—
	员工宿舍电费　宿舍：电费	—	—
	员工宿舍房租　宿舍：房租费或房补费	1500.00	46.88
	员工餐费　员工餐费或餐补费	1500.00	46.88
	宿舍其他费用　宿舍上网费	—	—
	服装费　服装费	200.00	6.24
	员工费用总计	3200.00	100.00
	其他福利费　活动经费	200.00	—
	人力成本合计	19300.00	100.00
能源费用	餐厅水费　餐厅水费	2000.00	40.00
	餐厅电费　餐厅电费	3000.00	60.00
	能源费合计	5000.00	100.00
办公及维修费用	餐厅维修费　维修人工费	100.00	16.67
	维修材料费	300.00	50.00
	办公费　办公用品	50.00	8.33
	打印、复印等费用	50.00	8.33
	办公交通费　门店交通费	100.00	16.67
	办公及维修费合计	600.00	100.00
物料消耗费用	低值易耗类　餐具、厨具、用具费	500.00	28.90
	洗涤、清洁类　洗涤灵、墩布拖把、毛巾、钢丝球等	500.00	28.90
物料消耗费用	劳保用品　口罩、围裙、帽子、袖套、手套等	30.00	1.73
	一次性用品类　餐巾、牙签、包装盒、包装袋、一次性筷子等	700.00	40.47
	物料消耗费合计	1730.00	100.00
宣传及合作费	业务宣传费　宣传用的海报、传单、菜谱台卡文件等	120.00	20.00

（续表）

主分类科目及解释		三级明细科目		占比（%）
		明细内容	金额数据（元）	
宣传及合作费	外部合作费	清洁烟道、杀虫、通下水、刷卡或微信、支付宝手续费等等其他	480.00	80.00
	宣传及合作费合计		600.00	100.00
总可控费用总计			70230.00	100.00
可控利润	门店毛利		77570.00	—
房租费用	当月房租		10000.00	—
运营利润（运营保本点）			67570.00	
管理费	总部收取管理费		1200.00	—
折旧摊销	转让费摊销		8000.00	—
	装修费摊销		—	—
	固定资产折旧		—	—
折旧摊销合计	不可控费用		19200.00	—
投资净利润（投资保本点）			47170.00	

注：1. 上月的食材盘点剩余—本月的食材盘点剩余；

  2. 门店管理团队的营业额达成的超额奖，详细见"超额奖规定"，也包括门店管理团队获得的单日超额奖；

  3. 各门店在公司开展的各项评比、竞赛中获得的奖金；

  4. 公司给门店管理团队开具的奖罚单中的奖励部分；

  5. 笔、本、纸、墨、工具、购买的手机等；

  6. 含电脑、桌椅板凳、设备、装饰品等。

课后作业

　　根据本节所讲知识，简单制作一份"门店财务损益表"，填写门店的经营数据，做至少两个月的相关数据对比，看一下门店在哪些方面存在经营问题。

第二节 学会分析收入：通过对门店收入数据的分析，提高收入

门店的营业额分析包括哪些内容

对于餐饮门店来说，营业额是指线上与线下收入的总额，是持续经营的基础，也是财务分析的起点。餐饮门店通常会涉及两种营业额，一种是应收营业额，另一种是实收营业额，中间的差额即销售折扣。例如，某餐厅在美团上线外卖业务，一天的销售额是 1000 元，如果美团要拿走的扣点是 15% 即 150 元，那该餐厅的应收营业额就是 1000 元，实收营业额就是 850 元。

对于营业额，门店店长必须要了解其影响因素。通常来说，人均消费、客流量、翻台率会影响一家餐厅的营业额。店长应该了解餐厅的客流量。在了解客流量后，就可以根据每个月的实收营业额计算客单价。例如，某餐厅某月的实收营业额是 30 万元，该餐厅当月的客流量是 3000 人，也就意味着其人均消费是 100 元（300000÷3000=100）。

门店店长要了解营业额、客流量和人均消费的关系。客流量一定随着营业额的升高而升高，降低而降低吗？不见得。如果营业额升高，客流量反而降低了，就表明人均消费提高了，如从 80 元上升到了 120 元。

餐厅的营业额还与客单价以及客单数有关。客单价和客单数在一些快餐企业中应用得更多，例如，某快餐店一天开了 500 张单，每张单可能不止一个人消费，按照开单数而非来客数确定每单的价格（与来客数相比更好统计）。如果平均每单消费 25 元，那这 25 元就是客单价，此时，营业额 = 客单价 × 客单数。

除了以上因素外，翻台率也是营业额的重要影响因素。例如，某餐厅

只有 20 张桌，如果某天共来了 100 个人，那就翻了 4 轮以上；如果来了
40 个人，就翻了一轮；如果来了 20 个人，刚好坐满没翻台。所以翻台率也
会直接影响营业额。

除了了解营业额的影响因素，门店店长还要学会做关于营业额的对
比分析。根据餐厅的月报表、周报表和日报表，门店店长要分析营业额的
同比变动、环比变动，进而了解餐厅的经营情况。例如，上周的营业额是
16000 元，本周的营业额却变为了 11000 元，这种下降是由哪些因素导致的？

图 7-1 是某餐饮企业 2012—2015 年营业额走势曲线图。

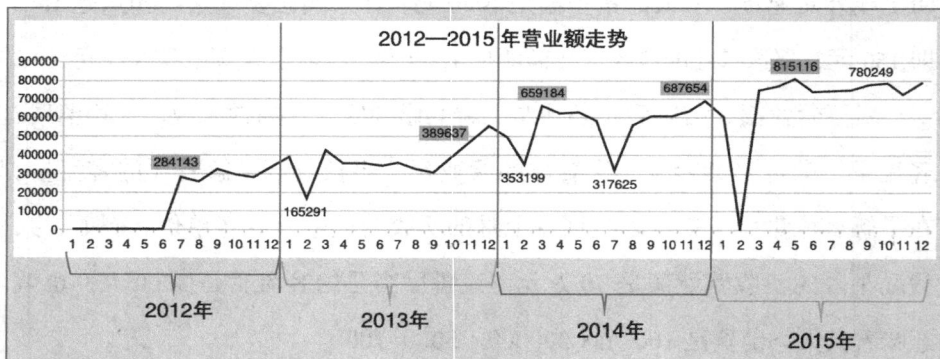

图 7-1　某餐饮企业营业额走势（2012—2015 年）

从图 7-1 中可以看出，该餐饮企业 2012 年半年的业绩并不算特别好，2013
年 1 月的营业额接近 40 万元，而 2 月掉到了 16 万元，原因可能是春节假
期。其在 3 月首次突破 40 万元，后面几个月的营业额基本在 30 万元左右，
到了 10 月达到了 38 万元，11 月在 40 万元以上，12 月达到了 55 万元左右，
2013 年的营业额比 2012 年增长了 30%。2014 年 1 月的营业额在 50 万元左
右，而 2 月在 35 万元左右，3 月达到了 60 万元，这也是首次突破 60 万元，
接着 4 月和 5 月都在 60 万元以上，到了 6 月掉到了 50 万元，到 7 月又掉
到了 30 万元。为什么 7 月会掉到 30 万元呢？这是因为 2014 年 7 月，该餐

饮企业做了一次店铺的局部改造和升级，重新做了一次简单的装修。装修完成后，其在8月的营业额又达到了50万元，9月和10月都在60万元左右，12月首次接近70万元，2014年的营业额比2013年又提高了将近80%。到2015年年初，该餐饮企业已经开业了三年半，又一次将营业额提升到了60万元，3月以后维持在70万元以上，业绩非常理想。该餐饮企业的面积是380平方米左右。我们可以看出这家餐饮企业的营业额呈递增趋势。

月度营业额分析曲线图有两条曲线，一条代表应收营业额，另一条代表实收营业额。图7-2是某烧烤店月度营业额分析曲线。

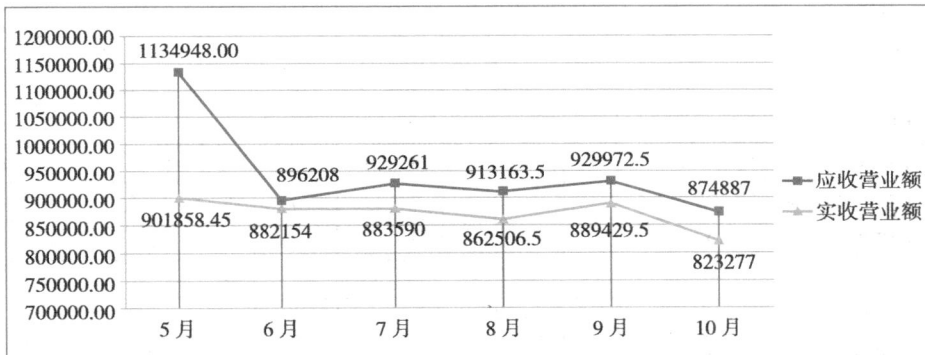

图 7-2　某烧烤店月度营业额分析曲线

从图7-2可以看出，该烧烤店5月的应收营业额和实收营业额差额很大，到了6月差额变小，这是因为该烧烤店在5月的折扣活动力度比较大，将营业额拉高到了90万元，其营业额在6月、7月、8月缓慢下滑，到了9月又一次提高，10月又下滑了一些。通过这一组数据可以看出，该烧烤店整个夏季的营业额维持得还是可以的，该烧烤店在5月搞活动的目的是把5月和6月的业绩拉起来，进入7月、8月就是旺季，9月之所以还能再旺一下，是因为该烧烤店在大学旁边，所以开学季生意不错，而到了10月之后有了比较明显的下滑。

日营业额走势分析主要看规律，表7-2是一份每日营业数据统计表示例。

表 7-2　每日

餐厅基础数据	面积		80平方米			台数			10		餐位数			35	
日期	1日	2日	3日	4日	5日	6日	7日	8日	9日	10日	11日	12日	13日	14日	15日
星期	二	三	四	五	六	日	一	二	三	四	五	六	日	一	二
天气	小雨5℃	大雨	暴雨	……	……	……	……	……	……	……	……	……	……	……	……
去年同期营业额	0	0	0	0	0	0	0	0	0	0	0	0	0	0	0
今年预估营业额	0	0	0	0	0	0	0	0	0	0	0	0	0	0	0
应收营业额	0	0	0	0	0	0	0	0	0	0	0	0	0	0	0
堂食营业额	0	0	0	0	0	0	0	0	0	0	0	0	0	0	0
外卖营业额	0	0	0	0	0	0	0	0	0	0	0	0	0	0	0
实收营业额	0	0	0	0	0	0	0	0	0	0	0	0	0	0	0
堂食客人数	0	0	0	0	0	0	0	0	0	0	0	0	0	0	0
堂食客单数	0	0	0	0	0	0	0	0	0	0	0	0	0	0	0
堂食人均	—	—	—	—	—	—	—	—	—	—	—	—	—	—	—
堂食客单均	—	—	—	—	—	—	—	—	—	—	—	—	—	—	—
外卖客单数	0	0	0	0	0	0	0	0	0	0	0	0	0	0	0
外卖客单均	—	—	—	—	—	—	—	—	—	—	—	—	—	—	—
人效=人均产能	0	0	0	0	0	0	0	0	0	0	0	0	0	0	0
服效=人均服务客人	0	0	0	0	0	0	0	0	0	0	0	0	0	0	0
坪效=面积产能	—	—	—	—	—	—	—	—	—	—	—	—	—	—	—
翻台率	(1.00)	(1.00)	(1.00)	(1.00)	(1.00)	(1.00)	(1.00)	(1.00)	(1.00)	(1.00)	(1.00)	(1.00)	(1.00)	(1.00)	(1.00)

营业数据统计表

编制			6			产品数量			30			每单客人数			1.8		
16日	17日	18日	19日	20日	21日	22日	23日	24日	25日	26日	27日	28日	29日	30日	31日	月度合计	月度平均
三	四	五	六	日	一	二	三	四	五	六	日	一	二	三	四		
……	……	……	……	……	……	……	……	……	……	……	……	……	……	……	……		
0	0	0	0	0	0	0	0	0	0	0	0	0	0	0	0	0	
0	0	0	0	0	0	0	0	0	0	0	0	0	0	0	0	0	
0	0	0	0	0	0	0	0	0	0	0	0	0	0	0	0	0	
0	0	0	0	0	0	0	0	0	0	0	0	0	0	0	0	0	
0	0	0	0	0	0	0	0	0	0	0	0	0	0	0	0	0	
0	0	0	0	0	0	0	0	0	0	0	0	0	0	0	0	0	
0	0	0	0	0	0	0	0	0	0	0	0	0	0	0	0	0	
0	0	0	0	0	0	0	0	0	0	0	0	0	0	0	0	0	
—	—	—	—	—	—	—	—	—	—	—	—	—	—	—	—	—	
—	—	—	—	—	—	—	—	—	—	—	—	—	—	—	—	—	
0	0	0	0	0	0	0	0	0	0	0	0	0	0	0	0	0	
—	—	—	—	—	—	—	—	—	—	—	—	—	—	—	—	—	
0	0	0	0	0	0	0	0	0	0	0	0	0	0	0	0	0	
0	0	0	0	0	0	0	0	0	0	0	0	0	0	0	0	0	
—	—	—	—	—	—	—	—	—	—	—	—	—	—	—	—	—	
(1.00)	(1.00)	(1.00)	(1.00)	(1.00)	(1.00)	(1.00)	(1.00)	(1.00)	(1.00)	(1.00)	(1.00)	(1.00)	(1.00)	(1.00)	(1.00)	(30)	

	非常高	比较高	还不错	一般	比较差
人效	>25000	25000~23000	23000~21000	21000~18000	<18000

　　该餐厅的经营面积为 80 平方米，餐桌数为 10 张，餐位数为 35 个。这张表是每一家门店都必须要做的登记表，以便对每天的预估实收、客流量、客单价做相应的统计。每一家门店的营业额都是有规律的，如果没有规律那就是有问题的，店长应仔细分析门店的营业额规律。

　　无论是日营业额、月营业额还是年营业额，都可以做同比和环比分析。我们来分析图 7-3 中环比的柱状图，表中的深色柱状图是预估指标额，浅色柱状图是实收净额。从中可以看到，7 月的预估指标额明显比 6 月低，而 7 月的实收净额比 6 月高，7 月没有完成营业指标。而将 2014 年 7 月与 2013 年 7 月的数据进行对比叫作同比分析。从图 7-3 中我们可以看出，无论是预估指标额还是实收净额都是同比增长的，所以我们通过对比可以看出该门店在 2014 年 7 月的业绩是好的，因为同比和环比都是增长的。店长在做数据分析的时候，应针对营业额做同比、环比分析。

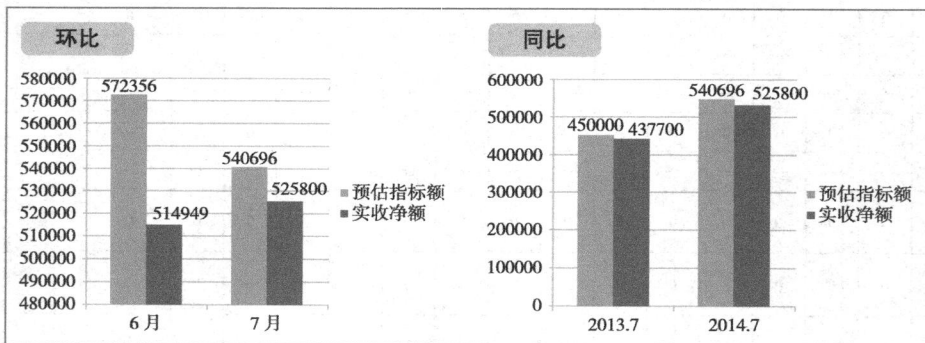

图 7-3　营业额环比及同比分析

　　营业额的组成分析是按堂食、外卖及各个品类的销售进行分析的，基本分析方法是饼图分析，如图 7-4 所示。

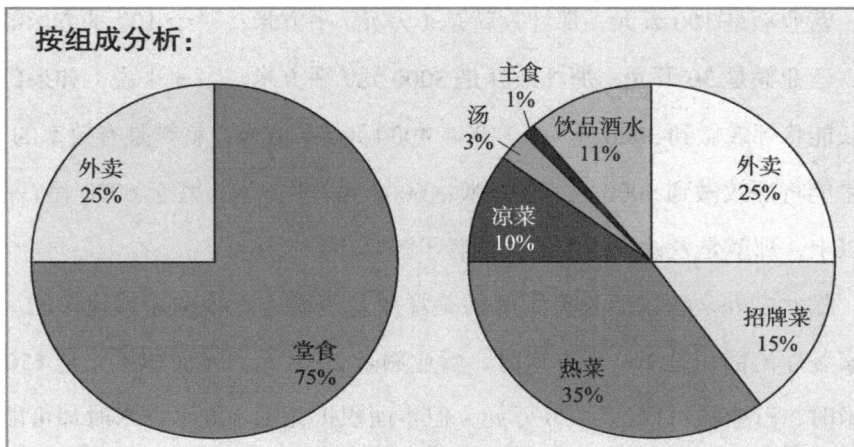

按组成分析：

图 7-4 营业额组成分析

在这张饼图营业额的构成当中，外卖占比 25%，堂食占比 75%。如果按照不同的品类来分，外卖占比 25%，招牌菜占比 15%，热菜占比 35%，凉菜占比 10%，汤类占比 3%，主食占比 1%，饮品酒水占比 11%。该图告诉我们，品类不同重要性不同，店长应根据重要性分配资源，提升门店效益。

门店营收的效率分析

餐饮行业常用三种效率值即坪效、人效、时效来评价门店营收效率。

第一个效率值是坪效。坪效，顾名思义就是每平方米的效益，即每平方米面积可以产出多少营业额。其公式为：餐厅坪效 = 营业额 ÷ 门店营业面积。不管经营的是中餐、日餐、法餐还是韩餐，店长都可以用坪效来衡量单位面积的效益。但要注意，只做外卖业务的餐厅无法用这个效率值来衡量效率。

门店可以通过坪效评估门店的经营效率。例如，一个 100 平方米的门店，营业额是 100 万元，那坪效就是 1 万元 / 平方米；一个 100 平方米的门店，营业额是 30 万元，那坪效就是 3000 元 / 平方米。一般来说，如果门店店长能将坪效做到 3000 元 / 平方米 ~ 4000 元 / 平方米，就算是有效率的了；如果能将坪效做到 5000 元 / 平方米 ~ 6000 元 / 平方米，甚至 6000 元 / 平方米以上，那就是餐饮行业中的佼佼者了。

除此之外，餐饮店长要了解的是坪效是遵循边际收益递减规律的。当一家餐厅的面积是 100 平方米时，营业额是 20 万元，将面积扩充到 150 平方米时，营业额可以达到 30 万元，但将面积扩充到 200 平方米时却可能只能获得 32 万元的营业额，此时对门店店长来说就没有必要将面积扩充到 200 平方米。所以门店店长需要根据对坪效的分析，判断多大的面积是最有效率的，用低成本获得高坪效。

第二个要评估的效率值是人效。人效就是人均产出，反映了餐厅的劳动效率和人力成本。例如，某餐厅雇用了 10 个员工，营业额是 3 万元，那么人效就是 3000 元 / 人；如果营业额是 30 万元，那么人效就是 3 万元 / 人。对于一家面积 100 平方米、营业额 30 万元的餐厅来说，其坪效为 3000 元 / 平方米，如果雇用了 10 个员工，人效就是 3 万元 / 人，那么这家餐厅在餐饮行业算是效率很高的餐厅了。

一般来说，人效达到 2 万元 / 人的餐厅效率就算不错了，如果能达到 3 万元 / 人 ~ 4 万元 / 人，便是十分高效的了。不过此时餐饮店长要考虑自己的员工是不是超负荷工作，员工的体能、服务质量是不是都能跟得上。

餐饮店长要对自己餐厅的人效进行评估，将其控制在一个合理的范围内，不能过于低效，但也不能太高，导致过犹不及，损害收益。

第三个要评估的效率值是时效。时效就是单位时间产出的效益。当一家餐厅雇用了很多小时工的时候，就不再适合用人效来评估人员效率，而需要用时效来评估人员效率了。例如，某家餐厅雇用的小时工每人每天工作 4 个小时，一个月工作 10 天共 40 个小时，餐饮店长需要将小时工和全职工的工时加在一起计算时效。

目前来看，大多数餐饮企业雇用的小时工并不多，因为对于一家想要持续经营和发展的餐饮企业来说，员工工作的稳定性和持续性是保证其认同企业文化，与企业共同前进的基础。所以在这里，我们更提倡用坪效和人效来评估餐厅的产值和效率。

课后作业

（1）请计算本门店上个月的翻台率、坪效和人效。

（2）请使用 Excel 表格制作本门店的营业额分析图表，总结本门店的营业情况和营业效率。

第三节　学会分析成本：掌握成本数据的原因分析，控制成本

作为一家门店的管理者，餐饮店长需要了解门店的成本结构，了解一些基本的财务知识。餐厅在日常经营过程中会涉及哪些成本？什么是盈亏平衡点？一般来说，餐厅的营业成本主要包括用人成本、工资税费和员工福利费、水电费、燃料费、保险费、物料消耗及低值易耗品摊销、折旧费、维修费、工装及洗涤费、办公费、广告及促销费、财务费用、税收、租金以及其他费用等。

成本数据分析

食材成本是一个很大的成本项，其占比通常为 30%~40%。店长在分析数据时发现食材成本占比下降，应关注其原因。一般来说，食材成本占比下降的原因主要有五个。

（1）食材成本降低。有时食材采购价格的下降是因为该食材是应季食材或者批量上市。

（2）偷工减料。在配菜环节和出品环节，操作人员没有严格执行过秤程序，导致出品的菜品使用食材较少。

（3）成本管控做得较好。有时食材成本占比下降是店长或相关人员管控的结果。这可能是因为上个月表现不佳而采取的对应措施或者公司的硬性规定。

（4）高毛利产品销量高。高毛利的产品销量高也会使整体毛利率有所上升。

（5）菜品涨价。原来卖 20 元的产品现在调到 23 元，相对来说它的毛利率有所上升，也表现为食材成本占比下降。店长在做财务报表分析的时候，尤其是做同比或者环比分析的时候，这一点很容易发现。当然还有一些其他原因，比如自身的产品成本卡调整了，等等。

当然，对于食材成本占比上升的情况，店长也需要评估原因。一般来说，其原因与以上正好相反。

（1）食材成本涨价。

（2）不按标准出品导致原材料使用过多。

（3）成本管控比较差。

（4）高毛利产品销量低。

（5）菜品降价。

成本管控的要点

对于成本控制来说，采购环节、验收环节、储存环节、生产加工环节、服务环节是重点。只有对这五个环节进行系统化的成本把控，才能获得有机统一的成本控制效应。对于餐饮店长来说，管控成本是一项极具挑战性的工作。

首先，食材成本的管控。食材成本是餐厅在运营过程中消耗的最主要的成本，包括食品成本、酒水成本等。餐厅的业务活动从食材原料的采购、验收、储存、发放、切配、烹饪、服务到收款，其经营环节较多，且每一环节都会影响食材成本。因此，餐饮店长必须加强对餐饮产品、服务、销售全过程的成本管控。

对于采购成本的管控工作，餐饮店长必须做到：（1）制定采购规格标准，即从形状、色泽、等级、包装要求等方面严格规定应采购的原料；（2）严格按照采购计划进行采购，即只能采购即将需要使用的食材原料；（3）采购人员必须熟悉食材原料知识并掌握市场动态，按时按需、保质保量地完成采购；（4）采购时应货比三家，以最合理的价格购进最优质的原料；（5）制定规范化的采购审批程序。

对于验收成本的管控工作，餐饮店长应制定原料验收操作规程，验收一般分质、量和价格三个方面的验收。质：验收人员必须检查购进的食材原料是否符合规定的规格标准和要求。量：验收人员应对所有的食材原料查点数量或复核重量，核对交货数量是否与请购数量、发票数量一致。价格：验收人员应检查购进原料的价格是否和所报价格一致。

对于储存成本的控制，餐饮店长必须做好仓库的储存和保管工作。原料的储存应由专人负责，未经许可，任何人不得进入仓库；食材原料应根据类别和性能放在适当的仓库，保持适当的温度，做到分类、分室储存；对所有库存原料标明进货日期，做好存货周转工作，发放原料时做到先进先出，保证时效；保管人员还应经常检查冷藏、冷冻设备运转情况及各仓库的温度，搞好仓库的清洁卫生、防虫防疫工作；每月月末，保管人员应对仓库储存的原料进行盘点并填写盘点表。

对于原料的发放，餐饮店长应规定：（1）未经批准，任何人员不得从仓库领取原料；（2）请领人员应严格按照领料单领取原料。

对于切配工作，餐饮店长应要求切配人员根据原料的实际情况，遵循"整料整用，大料大用，小料小用，下脚料综合利用"的原则，控制食材成本。

对于烹饪工作，餐饮店长应严格规定调味品的用量和菜品质量及其废品率。烹制一道菜品看起来所用的调味品很少，在成本中所占的比例较低，但从总量来看，所耗用的调味品成本是相当可观的，所以餐饮店长应要求厨师严格执行调味品的成本规格，保持菜品质量的同时，降低成本。同时，厨师在烹饪过程中应做到"一锅一菜，专菜专做"，严格按照操作规程进行操作，掌握好烹饪时间及温度，力求少出不合格品及废品，有效地控制食材成本。

对于服务成本的管控，餐饮店长应加强对服务人员的职业道德教育并经常进行业务培训，使他们端正服务态度，树立良好的服务意识，提高服务技能，并严格按照规定为顾客提供服务，力求不出错或者少出错，降低成本。

对于收款，餐饮店长应在以下方面做好管控：（1）防止漏记或者少记菜品种类；（2）在账单上准确填写每个菜品的价格；（3）结账时核算正确；

（4）防止漏账或逃账；（5）严防收款人员或其他工作人员的贪污、舞弊行为。

其次，人力成本的管控。这也是门店成本管控的一个重点。如果一个门店的管理团队人员过多，那该门店的成本肯定较高；如果门店的技术人员过多，该门店的成本肯定也不会低。所以，为每个门店配置合适数量的管理团队人员和技术人员，是人力成本管控工作的重要原则。人力成本至少包含三个部分，第一个部分是工资，第二个部分是福利，第三个部分是相应的费用，如住宿费、员工餐费等。餐饮店长需要考虑每个岗位人员的工资薪金水平及其构成。

最后，能源损耗的管控。餐饮店长应实施有效的节能管理，采用节能措施降低能源的损耗，达到降低能源成本的目的。一般来说，餐饮企业的能源成本要占3%~10%。餐饮业态不同、餐厅规模不同，其能源成本也不同。如果门店规模较小，能源成本可能只占3%~4%；如果是中餐厅，能源成本可能会占5%~6%；如果是火锅店，那会相对高一些，可能要占8%~10%。通常来说，餐厅的水、电、燃气等能源成本是可控的。积少成多，能源成本控制应从一点一滴抓起。

节水。餐饮店长可以采用的节水装置有废水二次利用的节水装置，废水回收利用装置，双层洗菜盆，多功能回用水循环利用系统，自动储水节水器，厨房用循环储水箱，多功能污水处理高效节水装置，节水型商用中餐灶，厨房废水分流节水系统，实用节水箱，废水利用节水装置，源头二次回用节水储水排水装置等。

节电。电费是餐厅经营中的一项重要支出，随着电价的不断攀高，电力成本也会越来越高，那么怎么才能最大限度地节电降耗呢？

（1）冰箱。餐饮店长应将冰箱放在通风处，四周留出适当的散热空间；

在夏季来临之前，应先清理冰箱外围，留出足够的通风空间，散热好，冰箱耗电量就少。尽量将冰箱放在厨房背阴的一面，冰箱周围的温度每提高5摄氏度，就要增加25%的耗电量。一次取出够一餐使用的原料，尽量减少开关冰箱门的次数。调节温控器是冰箱省电的关键，夏季一般将其调到最高处，以免冰箱频繁启动，增加耗电。及时除霜，如果冰箱挂霜太厚，会产生很大的热阻，影响冷热交换，增加耗电量。应将水果、蔬菜等水分较多的食品，用塑料袋包好放入冰箱，以免水分蒸发，增加耗能。冰箱内的东西不要塞得太满，与箱壁保持一定间隙。严禁将未冷却的食品马上放入冰箱内，以减少耗电。发现门封条有漏气现象，应及时更换，避免从缝隙中散失冷气，空耗电能。

（2）电灯。一般来说，厨房的灯光只需发挥照明作用即可，而且使用时段固定，无须频繁开关，所以最适合使用节能灯，与日光灯管相比可节电30%。厨房人员要尽量减少节能灯的开关次数，频繁开关极易造成节能灯的损坏，而且更加耗电。

（3）烤箱。工作人员在用烤箱制作食品时，应连续操作，不要在烤完一箱后停很长时间再烤第二箱。要尽量利用烤箱箱内空间，一次制作多种食品，这样的用法既节省时间，又降低电耗。

（4）电饭锅。工作人员在使用电饭锅煮饭时，要用热水代替凉水，可缩短烧煮到沸腾的时间，达到节约电能的目的。煮饭时，当锅内沸腾一段时间后，可拔掉电源插头，使电源断开，利用电热元件的余热，将米饭的水全部吸干，再插上电源插头，这样既可节约电能，又可延长电热元件的使用寿命，也能减少开关接触点的磨损。

节燃料。餐厅现在所用的炉灶，因为压力大，开关一开，火苗就会瞬间窜出，这样会一下烧掉很多燃料，这就需要使用人员研究怎么用才最节省，例如，先开一下立即关掉，再慢慢打开，火就没有那么大了。餐饮店长还应利用技术完成锅炉油改气的改造，可长久地节省能源费用。餐饮店长应在餐厅中广泛推广以上节能方法和节能措施，建立相应的管理制度。很多员工由于习惯所致，很难及时地转变观念，需要制度加以规范，并通过有效的监督检查体系督促落实。餐饮店长可以将节能责任落实到人，将单位时间内的目标能源成本分解成具体指标，分配给不同的成员或者生产班组，并与一定的奖惩制度挂钩，对节能意识好，节能效果显著的人员给予适当的奖励，对浪费能源或者没有达成目标能源成本的人员采取有力的教育和处罚措施。

除了以上成本，餐厅在日常经营中还会涉及其他的成本损耗，例如，设备维修损耗，由于管理不当被行政机关处以的罚款等。餐饮店长要在日常管理中，加强对各项成本的管控工作，实现精细化的管理。只有这样，才能获得最大化的收益。

课后作业

　　根据本节所讲内容，制定一份门店成本管控清单，厘清成本管控关键点。

总结与寄语

作为餐饮店的主角，餐饮店长应该发挥好自己的作用，以身作则，带领门店店员创造一个又一个经营奇迹。我们希望每一位门店店长都能将本书的内容融会贯通，将其应用在门店的运营和管理中。最后送给大家几句非常重要的话。

第一句："每家门店的店长都是门店的老板。"如果老板能够分出99个分身，那他肯定想把每个分身都放在门店中，因为他更想亲力亲为，更想离自己的顾客近一些。但是他做不到。所以他就必须把每家门店的经营和顾客的维护都交给店长。这是老板对店长的一种信任。作为店长，我们更应该感同身受，替老板行使好管理职责，将门店经营好。

第二句："掌握专业的知识，做好门店的稳定经营是我们的工作，也是我们和企业的共同目标。"作为一个职业经理人，店长要有专业的知识、专业的态度，把自己的工作做好，对得起自己的良心，为企业的发展出一分力。门店好，我们才会好。

第三句："没有工作是没有困难的，但是最大的困难都来自我们自己。"在工作中觉得累、觉得有困难、觉得与别人沟通很难，这些都是正常的，每个人都会遇到这样的困难，但是是否要放弃则取决于自己，坚持这件事情也取决于自己。当我们遇到困难想要退缩的时候，我们就会发现此时决定我们能否成功的不再是外部的困难而是我们自己的心态。任何人、任何事都可能成为你的障碍，你要想办法去克服，让自己有更大的信心往前走，这才是一个成功的店长应该具备的基本素质。

愿我们都能成功！